公務員試験　地方初級・国家一般職（高卒者）

JN002984

第4版

人文科学

Humanities

TAC出版編集部編

問題集 i

TAC出版

TAC PUBLISHING Group

はじめに

　公務員試験が難しいとされる理由のひとつに，「高い教養と優れた人間性の両方が求められる」ということが挙げられます。また，地方初級・国家一般職(高卒者)試験では，1次試験で課される教養試験の合格者のみが面接を中心とした2次試験に進むことができるとされています。つまり，高い志を持って公務員を目指しても，教養試験をクリアすることができなければ，その職に対する熱い思いや憧れ，自分自身の考えを相手に伝えることができません。厳しいことをいうようですが，公務員試験における1次試験は「ゴール」ではなく「スタート」にすぎないのです。だからこそ，何としてもここを突破して，自ら道を切り開いていかなければなりません。

　そのためには，効率よくかつ着実に勉強を進めていく必要があります。「なるべく楽に」と考えるのは人間の性ですが，日々努力を続け，一歩ずつ歩を進めた方が確実に合格に近づくことができます。その方法ですが，基礎を学んだ後，問題に数多くあたり応用力を身につけることがよいでしょう。

　公務員試験は出題内容に一定の偏りがあり，そこを重点的に勉強するのはセオリーではあります。しかし，まったく同じ問題が出題されるわけではありません。類似した問題を多く解くことで応用力を培い，同一分野の問題を落とさないようにすることができれば，1次試験合格は決して難しいことではありません。

　本シリーズは，地方初級・国家一般職(高卒者)試験用の科目別問題集です。基礎的な問題から少し難易度の高い問題まで取りそろえました。似たような問題であっても，重要だと思われるものは，繰り返し学習できるように掲載してあります。最初はまったく解くことができない問題もあるかもしれません。ですが，それでいいのです。学習を進めていって，最終的に解くことができるようになれば，合格はもう目の前です。

　「千里の道も一歩から」

　これこそが，目標達成のための極意といえるでしょう。

　この本を手にした皆さんが，念願の職に就けることを心から願っております。

2024年1月　ＴＡＣ出版編集部

本シリーズの特長

① 科目別の6分冊

　地方初級・国家一般職(高卒者)の教養試験で問われる学習範囲を，分野ごとに編集し，「数学・数的推理」「判断推理・資料解釈」「国語・文章理解」「社会科学」「人文科学」「自然科学」の6冊にまとめました。

※国家公務員試験は，平成24年度から新試験制度により実施されています。新試験制度では，「数的推理」は「数的処理」に，「判断推理」「空間把握」は「課題処理」に，それぞれ名称が変更されています。しかしながら，これはあくまで名称上の変更にすぎず（名称は変更となっていますが，試験内容には変更はありません），本シリーズでは受験生の方が理解しやすいように，これまでどおりの科目名で取り扱っています。

② 本試験レベルに近い問題構成

　本シリーズは，本試験で出題されるレベルの問題を中心に，比較的平易な問題からやや応用的な問題までをバランスよく掲載しています。これらの問題を繰り返し学習することで，本試験へ向けた問題演習をしっかりと行うことができます。

③ 解答・解説は別冊構成

　学習の便を考慮し，解答・解説が取りはずせる別冊構成となっていますので，よりスムーズに問題と解答を確認することができます。

④ 基本事項の確認のために

　問題演習を進める中で，分からない事項が出てきた際には，本書のシリーズ『地方初級・国家一般職(高卒者)テキスト』(全6冊)をお使いいただくことによって，基本事項の整理やより深い学習を進めていただくことができます。

●またＴＡＣ出版では，国家一般職(高卒者)試験の対策として，以下の書籍を刊行しております。本シリーズとあわせてご活用いただければ，より合格が確実なものとなることでしょう。

『ポイントマスター』(全6冊)

　～本試験問題も含め，もっと多くの問題を解いて学習を進めたい方に

『適性試験のトレーニング』

　～適性試験対策にも力を入れたいという方に

日本史の出題状況

■国家一般職（高卒者）

例年1～2題出題。江戸時代や明治初期など時代を区切った問題と，政治史などの通史の問題が出題される。

■地方初級

| 全国型 | 例年1～2題出題。政治，宗教，文化，経済，外交など幅広く出題される。 |

東京23区　選択問題で例年2題出題。内容，時代とも幅広く，また律令制度の内容など細かな部分の出題もある。

＜対策について＞

各時代の基本的な特色は確実に理解しながら，全体の流れをつかんでいくことが必要である。通史の出題も多いことから，テーマ別に各分野を見ることで全体像を把握していき，効率的に学習することが重要である。また文化や宗教などにも目を通しておき，著名な人物とその作品や考え方をしっかりと押さえておくこと。

世界史の出題状況

■国家一般職（高卒者）

例年2題出題。西洋史と東洋史から1題ずつ出題される。西洋史は古代から中・近世のヨーロッパ史が頻出，東洋史は中国史が中心だが，朝鮮史や第二次世界大戦後の東南アジア史の出題もある。

■地方初級

全国型　　例年1～2題出題。国家とほぼ同様の傾向が見られる。

東京23区　選択問題で例年2題出題。他の試験と比べると東洋史の出題が多く，アジア諸地域やインカ帝国，モンゴル帝国などの出題も見られる。

＜対策について＞

特に中・近世の欧米史と中国史は確実に押さえておく必要があるが，同時期の諸外国との関係やアジアの特定地域の通史など，幅広い知識が求められる。まずは全体的な西洋史，東洋史の流れを理解した上で，通史として全体的な歴史の学習をするのが効果的である。

地理の出題状況

■**国家一般職（高卒者）**

例年１～２題出題。出題が２題の場合は，地形，民族，領土，気候などの地理学的問題と農産物・鉱物の主要生産国などの地誌学的問題が１題ずつ出題される。

■**地方初級**

全　国　型　例年２～３題出題。「国家一般職」とほぼ同様の傾向だが，グラフや図を使った問題など，出題方法に工夫が見られる。

東京23区　選択問題で例年１題出題。内容は「国家一般職」とほぼ同様の傾向が見られる。

＜**対策について**＞

地理学的問題は，その用語や名称が何を意味するのかが分からなければ解答できないので，確実に頭に入れておく。また地誌学的問題は，農工業や貿易といった各国の基本的な特色を把握した上で，各分野の各国別比較といったテーマ別の演習をすると効果的である。また地理は，グラフや図を利用した問題が出題されやすい科目でもある。視覚を重視する学習も有益である。

「人文科学」 目次

日本史

第1章 旧石器時代〜推古朝

原始・古代の産業・生産に関連して述べた文として，正しいものの組合せは，次のうちどれか。

ア 先土器文化の時代には人々が火を使用できなかったため，土器の生産が行われなかった。

イ 縄文時代には狩猟や漁労・採取が食料獲得の主たる手段であり，土器のほか石器や骨角器なども用いられた。

ウ 弥生時代には人物や動物をかたどった埴輪が広範に生産され，墓のまわりに並べ飾られた。

エ 古墳時代には中国から渡来した人々によって，土師器と呼ばれる灰色で硬質の土器の生産が行われた。

オ 飛鳥時代には唐の文化や朝鮮文化の影響を強く受け，乾漆像や塑像が作られた。

カ 奈良時代には絹織物などの繊維製品のほか，海産物なども調として都に送られた。

キ 平安時代には田地は条坊制によって整然と区画され，麦などを裏作とする二毛作が普及した。

① ア・ウ

② イ・エ

③ オ・キ

④ エ・カ

⑤ イ・カ

以下の文は，弥生文化について書かれたものである。下線が引かれている部分で誤っている記述は何カ所あるか。

　弥生文化は，まず<u>東日本</u>で成立し，徐々に日本列島に広まっていった文化である。<u>金属器</u>や大陸系の<u>磨製石器</u>なども使用し，縄文土器よりも<u>厚手</u>で<u>硬く</u>，<u>赤褐色</u>を帯びた弥生式土器を作っていた。

① 1カ所

② 2カ所

③ 3カ所

④ 4カ所

⑤ すべて誤り

厩戸皇子に関する以下の文章中の空欄A～Dに入る語句の組合せとして最も適当なものは，次のうちどれか。

厩戸皇子は用明天皇の子として生まれ，聖徳太子とも呼ばれている。593年から（　A　）の摂政となり，603年に制定した（　B　）によって門閥世襲の打破と人材登用の道を開き，小野妹子を（　C　）として派遣するなど，集権的官僚国家形成のために国政の改革に当たったとされている。また仏教を篤く信仰し，奈良県に現存している（　D　）は聖徳太子の創建した寺院とされている。

	A	B	C	D
①	推古天皇	冠位十二階の制	遣隋使	法隆寺
②	崇峻天皇	十七条憲法	遣唐使	薬師寺
③	推古天皇	十七条憲法	遣隋使	薬師寺
④	崇峻天皇	冠位十二階の制	遣隋使	法隆寺
⑤	推古天皇	冠位十二階の制	遣唐使	薬師寺

第2章 律令国家の形成〜奈良時代

No.1

(解答 ▶ P.1)

大化の改新の後に実施された施策として，誤っているものはどれか。

① 土地，人民をすべて天皇と国家の支配下に置いた。

② 全国の土地，人口を調査し，班田収授法を実施した。

③ 豪族に食封などを支給した。

④ 租庸調の制度を廃止し，賦役制を取り入れた。

⑤ 世襲職の品部を廃止し，新たな官職や位階の制度を定めた。

No.2

(解答 ▶ P.1)

以下の出来事を年代順に並べたものはどれか。

A. 称徳天皇は僧道鏡を重用し，政治の混乱を引き起こした。

B. 元明天皇の代に，唐の都長安を模した平城京に遷都が行われた。

C. 皇極天皇の代に政治の実権を握った中大兄皇子は，律令制度の基礎を作った。

D. 推古天皇は甥の厩戸皇子を摂政とし，遣隋使を派遣した。

E. 持統天皇は天武天皇の事業を引き継ぎ，律令体制を完成させた。

F. 元正天皇の代に，藤原不比等が中心となり養老律令を編纂した。

① D→C→F→E→A→B ② F→D→A→B→C→E

③ D→F→C→B→E→A ④ F→D→C→B→E→A

⑤ D→C→E→B→F→A

No.3

(解答 ▶ P.1)

律令国家の成立と発展に関する記述として正しいものは，次のうちどれか。

① 中大兄皇子は，律令に基づく中央集権国家の建設をめざし，物部氏を倒して大化の改新と呼ばれる一連の政治改革に着手した。

② 天智天皇は，豪族の支持を得るため，豪族が土地や人民を私有することを初めて認めた。

③ 大宝律令の制定により，地方は国・郡・里に分けられ，中央から派遣された国司が，郡司を指揮して地方政治を行った。

④ 天武天皇は，冠位十二階の制を定めて国家の役人の序列を整え，憲法十七条を定めて，役人の心得を説いた。

⑤ 班田収授法に基づいて口分田を与えられた農民は，稲を租として納める義務を負ったが，労役の義務を負うことはなかった。

No.4

(解答 ▶ P.2)

律令国家時代の天皇について書かれた以下の記述のうち，正しいものはどれか。

① 壬申の乱後に即位した天智天皇は，八色の姓や飛鳥浄御原令を制定した。

② 和同開珎を鋳造した持統天皇は，710年平城京に遷都した。

③ 深く仏教を信仰した孝謙天皇は，大仏造立の詔を出して東大寺大仏（盧舎那大仏）鋳造を発願した。

④ 平安京に遷都した平城天皇は，坂上田村麻呂に命じて蝦夷征討を行った。

⑤ 弘仁格式の編纂を行った嵯峨天皇は，蔵人所や検非違使を設置した。

No.5

(解答 ▶ P.2)

律令国家の地方行政組織について述べた文として，誤っているものはどれか。

① 諸国には長官以下の国司が置かれ，国司には中央の官人が任命されて国内の民政等を担当した。

② 郡司にはもとの国造など在地の有力な豪族が任命され，郡内の行政に当たった。

③ 特別な地方行政組織として京には左・右京職，難波には摂津職，九州には鎮守府が置かれた。

④ 全国は広域行政区画として京を中心とした畿内と，北陸・南海・西海などの七道に分けられた。

⑤ 七道とは，西海道・南海道・山陽道・山陰道・東海道・北陸道・東山道の七つである。

No.6

(解答 ▶ P.2)

7～8世紀の都の貴族や庶民について述べた文として適当なものは次のうちどれか。

① 都の有力な貴族には古墳時代の豪族の子孫が多かった。ほかの地域では古墳を築くことが衰えた後も，大和では大きな前方後円墳が造られた。

② 政府は都の繁栄を図るため地方の人々に都に移り住むことをすすめた。しかし都に住む人々には口分田の班給がなく，地方から送られてくる税の一部が食料として支給されるだけで，その生活は不安定であった。

③ 平城京の東西の市は，月に数回決められた日に開かれる定期市であった。

④ 平城京の東西の市では皇族や貴族たちが，禄として支給された布や絹などを必要な品物と交換した。しかし庶民が市で交易することはかたく禁じられ，庶民が銭を使うことも認められていなかった。

⑤ 平城京には官立の寺院のほかに貴族の氏寺も造られた。藤原の氏寺であった興福寺は，都が平安京に移った後も権勢を保ち繁栄を続けた。

第3章 平安時代

No.1 （解答 ▶ P.2）

平安時代に関する記述のうち，正しいものはどれか。

① 京都へ都を移した桓武天皇は律令政治の確立に力を注ぎ，この時期に成立させた班田収授法で6年ごとに口分田を支給した。

② 平安時代初期，唐で学んだ空海が天台宗を伝え，比叡山に延暦寺を建てた。また最澄は，高野山に金剛峰寺を建てて真言宗を広めた。

③ 平安時代初期は天皇親政が行われていたが，次第に藤原氏が天皇の外戚として実権を握り，摂政や関白を独占し，栄華を極めた。

④ 後三条天皇以降，藤原氏と親戚関係がない天皇が登場した。藤原氏は実権を取り戻すべく，東北地方で前九年の役と後三年の役を起こしたが，平氏によって鎮圧された。

⑤ 平安時代末期，武家の棟梁として権力を握った平清盛は，現在の神戸に港を整備し，明との貿易を行った。

No.2 （解答 ▶ P.2）

以下の文章が説明しているものとして最も適当なものは，次のうちどれか。

　887年に即位した宇多天皇は，藤原基経に対して関白就任の詔を出した。慣例に従い，いったんは辞退した基経に対して，二度目の詔勅が出された。その際基経は，その勅書に気に入らない文言があったとして出仕をやめ，起草者である橘広相をとがめた。翌888年，宇多天皇は詔勅を撤回して非を認め，広相を罷免した。この事件によって基経は，関白としての政治的立場を強化し，藤原氏の強権を世に知らしめたのである。

① 承和の変

② 応天門の変

③ 刀伊の入寇

④ 阿衡の紛議

⑤ 安和の変

No.3 (解答▶P.2)

9世紀以降，藤原北家が政界の中枢に進出し，10世紀後半になると摂関家として政治の中心的地位を占めた。その過程で起こったA〜Dの事件を年代順に正しく並べたものは，次のうちどれか。

A　応天門の炎上によって，大納言伴善男が失脚した。

B　藤原基経が宇多天皇の勅書に抗議し，結果的に天皇が詔を出し直した。

C　伴健岑と橘逸勢が，陰謀を企てたという理由で流罪になった。

D　左大臣源高明が，陰謀ありとの密告によって失脚した。

①　A→B→C→D

②　C→D→B→A

③　D→B→A→C

④　A→D→C→B

⑤　C→A→B→D

No.4 (解答▶P.2)

平安時代の社会に関する記述として妥当なのはどれか。

①　貴族の間では浄土教が流行したが，地方では仏教の伝播が見られる形跡がほとんどなかった。

②　地方で勢力を伸ばした武士が，多くの国で国司に取り立てられた。

③　荘園が発達しても公地公民の原則は貫かれ，荘園となっていない土地では鎌倉時代以降まで口分田の支給が続けられた。

④　摂関政治は，関白として幼年期の天皇の指導に当たった貴族が，摂政として成人した天皇を補佐して政治に関わるという仕組みである。

⑤　宮廷に関わる女性は，父親の官職から呼び名を付けられることが多かった。

No.5 (解答▶P.3)

以下の平安時代に関する記述のうち，誤っているものはどれか。

①　藤原四家のうち，平安時代に最も勢力を伸ばしたのは南家である。

②　藤原氏を外戚としない宇多天皇は，菅原道真を登用した。

③　醍醐天皇と村上天皇は親政を行い，その治世は「延喜・天暦の治」と呼ばれる。

④　摂関政治の全盛期は，藤原道長とその子頼通の時といわれる。

⑤　中央政治の弛緩と地方治安の乱れによって，武士が発生し始めた。

藤原道長に関する記述として誤っているものはどれか。

① 安和の変によって藤原北家の政治的地位は確立したが，摂政または関白が常置されるようになったのは道長以後のことである。

② 道長が天皇の外戚として権勢を振るったのは，母方の縁が重視された当時の貴族社会の慣習と深い関係がある。

③ 道長の子頼通の娘に皇子が生まれず，摂関家を外戚としない後三条天皇が即位すると，天皇は摂関家を抑え政治の刷新を図った。

④ 『栄華物語』はかなを用いた和文体で記され，道長などを肯定的に描いている。

⑤ 『大鏡』はかなを用いた和文体で記され，道長などを批判的に描いている。

院政は 1086 年に白河上皇が開始した政治形態であるが，その当初の目的は何であったか。下の記述から正しいものはどれか。

① 武士政権の維持のため。

② 朝廷の権力を減らすため。

③ 藤原氏の摂関政治に対抗するため。

④ 農民の離散を防ぎ律令制度を維持するため。

⑤ 平氏の戦力を減退させるため。

以下の文章は何について書かれたものか。

　1156 年，皇位継承を巡って鳥羽法皇と対立していた崇徳上皇は，法皇の死後まもなく，朝廷の実権を握ろうと左大臣藤原頼長と手を組み，源為義・平忠正らの武士を集めた。一方，法皇の立場を継いでいた後白河天皇は，左大臣頼長と対立していた関白藤原忠通と組んで平清盛や源義朝らの武士を動員した。この結果，崇徳上皇側が敗れ，上皇は讃岐へ配流，頼長は傷死，為義と忠正は斬罪となった。

① 保元の乱

② 平治の乱

③ 安和の変

④ 弘安の役

⑤ 承和の変

No.9 (解答▶P.3)

源平両氏の勢力拡大過程で起こった以下の3つの争いを，起こった年代順に並べ替えたものとして適当なものは，次のうちどれか。

A 崇徳上皇と後白河法皇，関白藤原忠通と左大臣藤原頼長という貴族間の対立に源氏間，平氏間の対立が絡んで起こった。崇徳上皇側が敗北した。

B 奥羽で勢力を伸ばした清原氏一族の相続争いに，陸奥守として赴任した源義家が介入，藤原清衡を助けて内紛を平定した。

C 藤原通憲(信西)と平氏が，藤原信頼と源氏がそれぞれ結んで勢力を争った。源氏側が敗北した。

① A→B→C

② A→C→B

③ B→A→C

④ B→C→A

⑤ C→A→B

No.10 (解答▶P.3)

平安時代の出来事に関する記述として正しいのはどれか。

① 桓武天皇は蝦夷征討に力を入れ，坂上田村麻呂を征夷大将軍として派遣して，渟足柵・磐舟柵を築かせた。

② 嵯峨天皇は薬子の変に際して蔵人所を設置し，その長官である蔵人頭に，藤原南家の藤原良房を任命した。

③ 醍醐天皇は摂政・関白を置かず，菅原道真を登用して，藤原氏の力を抑えようとした。しかし，藤原時平の策謀により，菅原道真は大宰府に流された。

④ 東北の清原氏の内紛に，源義家は征夷大将軍として介入し，清原清衡を助けて平定した。

⑤ 後三条天皇は延久の荘園整理令を発布し，記録荘園券契所を設置して，荘園の整理を実施した。

第4章 鎌倉時代

No.1 (解答 ▸ P.4)

次の文章の（　）に入る語句として正しいものはどれか。

　鎌倉幕府の支配機構は簡素で実務的なものであって，その中央機関として公文所・（　）など
が置かれていた。

① 大老 　　　　② 記録所 　　　　③ 評定所

④ 問注所 　　　⑤ 雑訴決断所

No.2 (解答 ▸ P.4)

**以下は鎌倉幕府の政治機構について書かれた文章である。該当する機関として正しいものは，次の
うちどれか。**

　1184年に設置された，鎌倉幕府の訴訟・裁判処理機関で，初代執事は三善康信。1249年に引付
衆が設置された後は，債権と一般訴訟の受理のみを行うようになった。

① 侍所 　　　　② 京都大番役 　　③ 公文所

④ 政所 　　　　⑤ 問注所

No.3 (解答 ▸ P.4)

鎌倉幕府の支配機構に関する記述として，妥当なのはどれか。

① 鎌倉幕府は，問注所を置き，有力御家人をその長官である別当に任命し，御家人の統率や軍事，
　警察の職務に当たらせた。

② 鎌倉幕府は，一般政務や財務事務を扱う侍所を置き，実務に長じた京の公家を招いて責任ある
　地位に就けた。

③ 鎌倉幕府は，守護を置き，東国の御家人をそれに任命し，大番催促と謀反人や殺害人の逮捕を
　行う大犯三力条などの職務に当たらせた。

④ 鎌倉幕府は，全国の荘園や公領に鎮西奉行を置き，年貢の徴収や土地の管理，治安の維持に当
　らせた。

⑤ 鎌倉幕府は，有力な御家人や政務にすぐれた人々の合議により裁判を行う政所を置いた。

No.4 (解答 ▶ P.4)

次のうち，鎌倉時代に制定されたものはどれか。

① 刀狩令   ② 棄捐令   ③ 御成敗式目

④ 海舶互市新例   ⑤ 神仏分離令

No.5 (解答 ▶ P.4)

鎌倉時代に関する以下の記述のうち，正しいものはどれか。

① 1221年に高倉天皇が起こした鎌倉幕府打倒の兵乱を，承久の乱という。

② 承久の乱後，京都に京都守護が置かれるようになった。

③ 1232年，5代執権北条時頼は御成敗式目（貞永式目）を制定した。

④ たびたび朝貢を強要してきた明を退けていたため，1274年に文永の役が起こった。

⑤ 1293年，西国警備と九州統治強化のために鎮西探題が置かれた。

No.6 (解答 ▶ P.4)

御成敗式目以後の幕府政治の展開について述べた文として正しいものはどれか。

① 幕府政治は将軍専制化の方向に傾き，北条氏一族さえも排除する方向へと進んでいった。

② 幕府政治は引付衆の設置など制度の整備を推し進め，将軍や北条氏権力を規制する方向へと進んでいった。

③ 幕府政治は有力御家人を中心に合議制を維持したが，その結果幕府権力は衰退した。

④ 六波羅探題を設置して，西国はおろか全国の御家人を統制した。

⑤ 幕府政治は蒙古襲来以降，恩賞の不満，所領の細分化による御家人の困窮化などによって不安定となった。

No.7 (解答 ▶ P.4)

鎌倉新仏教の宗派，開祖，主要著書，教義の組合せとして妥当なものは，次のうちどれか。

	宗派	開祖	主要著書	教義
①	浄土宗	法然	『選択本願念仏集』	専修念仏
②	浄土真宗	親鸞	『教行信証』	題目唱和
③	法華宗	日蓮	『歎異抄』	悪人正機説
④	臨済宗	道元	『興禅護国論』	無学祖元
⑤	曹洞宗	栄西	『正法眼蔵』	只管打坐

第5章 建武の新政〜室町時代（〜応仁の乱）

No.1

（解答 ▶ P.5）

建武の新政府の施策を述べた文として正しいものはどれか。

① 中央に政務機関として記録所，所領の訴訟などを扱う機関として雑訴決断所などを置いた。

② 地方に国司と守護とを併置し，さらに出羽に羽州探題，九州に九州探題を置いた。

③ 公家と武家との両者によって構成され，その具体的な政治方針は建武式目として発布された。

④ 鎌倉幕府のあった関東を重視し，護良親王を派遣して鎌倉府を開かせた。

⑤ 後醍醐天皇は鎌倉幕府滅亡後ただちに摂政を置いて，「公家による支配」を実現しようとした。

No.2

（解答 ▶ P.5）

次の出来事のうち，室町幕府3代将軍足利義満と関係がないものはどれか。

① 明との国交を開いた。

② 南北朝の合体を実現した。

③ 北山に金閣を営んだ。

④ 勘合貿易を実現した。

⑤ 正長の徳政一揆を鎮圧した。

No.3

（解答 ▶ P.5）

室町時代に起こった以下の一揆のうち，本願寺門徒の一揆として最も適当なものはどれか。

① 正長の土一揆

② 播磨の土一揆

③ 嘉吉の土一揆

④ 山城の国一揆

⑤ 加賀の一向一揆

No.4

（解答 ▶ P.5）

室町幕府は３代将軍足利義満の時代を除くと，安定した政権とはいえなかった。その理由として適当なものは，次のうちどれか。

① 守護の勢力が強く，幕府の重要な役職を兼ねた者もいたから。
② 政治の実権は公家が掌握し，武士が重要な役職に登用されなかったから。
③ 守護を幕府の重要な役職に就任させず，守護の反感を買ったから。
④ 外国からの攻撃に備えるため，武士に重い負担を強いていたから。
⑤ 貿易が順調にいかず，経済的に不安定だったから。

No.5

（解答 ▶ P.5）

室町時代についての記述として，正しいものはどれか。

① 中国とは正式な国交を結ぶことはなかったが，私貿易によって多くの宋銭が輸入され，年貢についても金納で行われることとなった。
② 国ごとに守護，荘園や国衙領ごとに地頭が初めて置かれ，守護は大番催促，謀反人の検断，殺害人の検断の，いわゆる「大犯三箇条」を担当した。
③ 征夷大将軍を摂関家や皇族から迎えることで幕府の実権を握った執権は，後に義時の流れを汲む得宗専制政治へと発展していった。
④ 将軍の補佐役として管領が置かれ，中央諸機関の統轄などの役割を担ったが，この職は権力を分散させるために複数の守護大名が担当した。
⑤ 幕府は争乱以後，京都に六波羅探題，九州には九州探題，鎌倉には鎌倉府を置くことで全国の支配権を確立しようとした。

No.6

（解答 ▶ P.5）

次の文のうち歴史的事実を述べたものとして正しいものはどれか。

① 室町時代には商品経済の展開に伴って，物資の輸送を主とする交通が発達した。畿内およびその近国では陸上運輸の専門業者である問丸が活躍した。
② 平安時代後期以降，商工業者は座を結成し，寺社・貴族を本所として，その権威のもとに商品の製造・販売を独占しようとした。
③ 鎌倉時代後期になると，荘園領主が居住する京都や鎌倉には手工業者や商人が集中し，東・西の官設市や常設の小売店（見世棚）も見られるようになった。
④ 農業や手工業の発達とともに地方の市場も市日の回数を増し，鎌倉時代には月６回開かれる六斎市も各地に見られるようになった。
⑤ 悪貨が大量に流通し経済混乱が生じたため，室町幕府は撰銭令を出して悪銭を排除し良銭を鋳造した。

第6章 戦国時代～桃山（織豊政権）時代

No.1　（解答 ▶ P.6）

戦国大名に関する以下の記述のうち，正しいものはどれか。

① 守護大名から身をなした者が多い。

② 商工業者の集住を促し，城下町を発展させた。

③ 兵農分離を行い，身分制を固定した。

④ 利益を独占するため，楽市を廃止した。

⑤ 年貢の徴収方法を，貫高制から石高制に改めた。

No.2　（解答 ▶ P.6）

16世紀中期，フランシスコ・ザビエルが日本に渡来し，キリスト教を伝えたが，ザビエルが日本に来た背景として正しいのはどれか。

① 宗教改革による，旧教の改善とその布教。

② 東洋航路が確立し，往来が可能になった。

③ ヨーロッパ諸国の植民地政策の推進。

④ 新教の進出と布教区域の拡大。

⑤ 教皇権の伸張。

No.3　（解答 ▶ P.6）

豊臣秀吉の行ったこととして正しいものはどれか。

① 比叡山延暦寺を討ち石山本願寺を屈服させるなど，寺社勢力を支配下に置いた。

② 京都・大坂・江戸などの重要都市を直轄領とした。また佐渡・生野などの鉱山を直営とし，天正大判などを鋳造した。

③ 武家諸法度を定め，仏教思想に基づく農民支配を諸大名に指示した。

④ 新築した大坂城に天皇を迎えたとき，諸大名に秀吉に対する忠誠を誓わせた。

⑤ 検地を全国的に実施して田畑などに等級を付け，その生産力を米で表して石高を定めた。

No.4

（解答▶P.6）

下の地図は，九州・沖縄地方を表したものである。A〜Cの各文に該当する地点を地図中のア〜エと組合せたものとして，正しいのはどれか。

A 1543年，中国へ向かう予定だったポルトガル人が乗った船が漂着した。

B ここの商人が東南アジア，中国，朝鮮，日本をつなぐ中継貿易で活躍し，東アジアの重要貿易港になった。

C ここの商人が勘合貿易で実権を握った大内氏と結びつき，日明貿易の拠点になった。

	A	B	C
①	ア	イ	ウ
②	エ	イ	ア
③	ウ	ア	エ
④	ウ	エ	イ
⑤	ア	エ	ウ

No.5

（解答▶P.6）

政治権力と宗教との関係を述べた文として妥当なものはどれか。

① 西大寺は平家による焼打ちにあったが，定朝を勧進職に任命し，朝廷や幕府の援助によって再建された。

② 足利尊氏は後白河天皇の冥福を祈るため建長寺建立を計画し，造営費の調達のため建長寺船を明に派遣した。

③ 足利義満は京都，鎌倉を中心に五山・十刹の制を確立して，主要な臨済宗寺院を官寺とした。

④ 織田信長は仏教に対抗させるため，キリスト教を保護して東大寺を焼打ちし，法華一揆を弾圧した。

⑤ 徳川家光は，徳川家康によって発令されたバテレン追放令を強化するため禁教令を制定し，キリシタン信仰を禁じた。

第7章 江戸時代（初期～三大改革）

No.1　　　　　　　　　　　　　　　　　　　　　　　　　　　　（解答▶P.7）

次の中で徳川家光の行った政策はどれか。

① 刀狩令　　　　　② 身分統制令　　　　③ 検地

④ 武家諸法度　　　⑤ 関所廃止

No.2　　　　　　　　　　　　　　　　　　　　　　　　　　　　（解答▶P.7）

1649年に江戸幕府が出した，農民に対する生活心得は次のうちどれか。

① 分地制限令　　　② 慶安の触書　　　　③ 禁中並公家諸法度

④ 宗門改帳　　　　⑤ 五箇条の誓文

No.3　　　　　　　　　　　　　　　　　　　　　　　　　　　　（解答▶P.7）

江戸時代に関する次の記述のうち，誤っているものはどれか。

① 江戸幕府は大名統制のため「武家諸法度」を定めた。

② 老中は譜代の大名から任ぜられた。

③ 天皇・公家に対して「禁中並公家諸法度」が定められた。

④ 若年寄・大老は老中と異なり常置制度ではなかった。

⑤ 寺院を支配するため「諸宗寺院法度」を定めた。

No.4　　　　　　　　　　　　　　　　　　　　　　　　　　　　（解答▶P.7）

江戸幕府の大老・老中・若年寄について述べた文として最も適当なものはどれか。

① 大老は将軍を補佐する最高職であり，常に1名置かれていた。

② 大老は京都の近くに領地を持つ外様大名の中から選任された。

③ 老中は親藩の大名によって構成され，幕政全体を統括した。

④ 老中は月番交代で政務に当たり，重要な政策は合議によって決定した。

⑤ 若年寄は若年の旗本が勤める役職で，ある年齢になると老中に昇任した。

No.5

（解答▶P.7）

江戸時代に道路網が整備され，当時日本橋を起点とする5つの幹線道路を五街道と呼び，道中奉行が支配していた。下の中で五街道でないのはどれか。

① 甲州街道

② 東海道

③ 水戸街道

④ 中山道

⑤ 奥州街道

No.6

（解答▶P.7）

江戸時代，幕府は身分制度擁護のために朱子学を重んじた。次のうち，幕命によって朱子学者に編纂させた史書はどれか。

① 『大和本草』

② 『古史通』

③ 『塵劫記』

④ 『本朝通鑑』

⑤ 『貞享暦』

No.7

（解答▶P.7）

近世初期の日本におけるキリスト教関係の出来事を年代順に正しく並べたものは，次のうちどれか。

A　バテレン追放令発布

B　元和の大殉教

C　宗門改役設置

D　禁教令発布

E　島原・天草一揆

① D→B→C→A→E

② A→E→C→D→B

③ A→D→B→E→C

④ A→B→E→D→C

⑤ D→B→E→A→C

江戸幕府が鎖国政策を断行した理由として考えられるものの組合せとして，最も妥当なものはどれか。

A 幕府に敗れた豊臣側が，オランダ・イスパニアと組んで再興を図ろうとしたから。

B アヘン戦争以来，外国の勢力の強大さに気付き，外国との交渉を断とうとしたから。

C キリスト教徒の結束を恐れ，キリスト教の布教を完全に禁止しようとしたから。

D 諸大名の貿易取引を禁止し，幕府が直接南蛮貿易を統制下に置きたかったから。

E 貿易が盛んになることで，東北地方の金銀の流出に歯止めをかけたかったから。

① A・B

② A・D

③ C・E

④ C・D

⑤ B・E

江戸幕府の制度に関する次の記述のうち，正しいのはどれか。

① 幕府は，関ヶ原の戦いより後に従った外様大名を江戸から遠い所へ転封し，親藩や譜代大名は江戸のまわりに配置して守りを固めていた。

② 将軍直属の家臣には御家人と旗本があったが，どちらも一万石未満で，将軍にお目見えを許されていたのはこのうちの御家人だけである。

③ 老中の下に置かれる大目付は大名の監視が主な仕事であり，その下に旗本や御家人を監視する目付が置かれた。

④ 西国の大名を監視するため京都所司代が置かれ，大塩平八郎の乱をきっかけとして大坂城代が新たに設置された。

⑤ 幕府の職制の中で三奉行とよばれるものがあるが，これは寺社奉行，勘定奉行，江戸町奉行で，このうちもっとも格式の高いのは寺社奉行である。

No.10

（解答▶P.7）

江戸時代の経済に関する記述として妥当なのはどれか。

① 織物業や醸造業では，問屋制家内工業を更に進めて，経営者が自分の作業場を持ち，労働者を1カ所に集めて分業による協業をさせる工場制手工業が現れた。

② 商取引の円滑化を図るために，座商人が持っていた独占販売などの特権の廃止や市場税・商業税の免除が行われ，さらに，座そのものも廃止された。

③ 交通の発達や地方との商品輸送が盛んになるにつれて，港湾の市場をつなぐ廻船が多くなり，陸上では宿場町が増加して馬借・車借などの交通業者が出現した。

④ 重税と不換紙幣回収によってデフレーションが発生し，農産物価格が下落したため農民の階層分化が促進され，大地主の下に土地が集中して寄生地主制が成立した。

⑤ 貨幣経済の進展に伴い，遠隔地間の取引の代金決済のために為替が始まり，銭を貸して利子をとる専門の金融業者である借上が現れた。

No.11

（解答▶P.8）

江戸時代に出されたA〜Eを年代順に並べ替えたものとして適当なものは，次のうちどれか。

A 海舶互市新例

B 『公事方御定書』

C 人返しの法

D 異国船打払令

E 旧里帰農令

① A→B→C→D→E　　② A→B→E→D→C　　③ A→D→B→C→E

④ D→A→B→E→C　　⑤ D→B→E→A→C

No.12

（解答▶P.8）

江戸時代における改革名とその中心人物，およびその時に行われた改革の内容の組合せとして正しいものは，次のうちどれか。

① 正徳の治 ——— 柳沢吉保 ——— 慶長小判の鋳造

② 享保の改革 ——— 徳川吉宗 ——— 相対済し令の発布

③ 安永の改革 ——— 田沼意次 ——— 公事方御定書の制定

④ 寛政の改革 ——— 松平定信 ——— 人返しの法の発布

⑤ 天保の改革 ——— 水野忠邦 ——— 人足寄場の設置

以下の各文は，江戸時代に行われた幕政改革について書かれたものである。このうち，「寛政の改革」
について書かれたものはどれか。

① 物価高騰抑制のため，株仲間の解散を命じた。

② 施政や役人の不正などに対する庶民の訴状を受け付けるため，目安箱を設置した。

③ 金銀の海外流出を防止するため，海舶互市新例を出した。

④ 旗本・御家人を救済するため，棄捐令を発令した。

⑤ 上知令を出して，江戸と大坂周辺の大名・旗本領を幕府直轄領にしようと企図した。

10代将軍徳川家治の時代に側用人から老中になった人物の政策として誤っているものはどれか。

① 商人に出資させた新田開発や印旛沼の干拓などを企てた。

② 株仲間を積極的に公認して，運上・冥加などを徴収した。

③ 銅・鉄・真鍮・朝鮮人参などの座を設けて専売制を敷いた。

④ 旗本や御家人の窮乏を救うために，棄捐令を出した。

⑤ 幕府財政を強化するため，商人の経済力を積極的に利用した。その結果，商人の経済活動が活
発になった反面，賄賂の横行を招いた。

19世紀半ばの幕府改革について述べたものである。このうち正しいものはどれか。

① 農村の荒廃を回復するために，幕府は江戸に流入した離村者を農村に返そうとして，旧里帰農
令を出した。

② 旗本・御家人の負債を解消するために，幕府は十組問屋など株仲間の解散を命じた。

③ 幕府は江戸・大坂周辺の大名領を取り上げ，それを旗本に配分する上知令を発したが，大名な
どから反対され，これを撤回した。

④ アヘン戦争の結果を知った幕府は1825年の異国船打払令を停止し，薪水給与令を出して外国
との衝突を避けようとした。

⑤ 『三国通覧図説』『海国兵談』を著した林子平を処罰し，出版を規制した。

江戸時代の三大改革の際に実施された以下の政策と関係の深い改革の組合せとして，妥当なのはどれか。

A　囲米の制

B　目安箱の設置

C　棄捐令

D　洒落本や黄表紙の出版停止

E　石川島に人足寄場を設置

F　株仲間の解散

G　印旛沼の干拓

① 享保の改革　B，C，E

② 天保の改革　A，F，G

③ 寛政の改革　C，D，E

④ 享保の改革　A，B，G

⑤ 寛政の改革　D，E，F

第8章 江戸末期

No.1
（解答 ▶ P.9）

江戸幕府は 1854 年に結ばれた日米和親条約によって鎖国政策をやめ，開国に踏み切ることになるが，最初に幕府に対して，開国・通商を求めた国はどれか。

① アメリカ

② ロシア

③ オランダ

④ イギリス

⑤ ポルトガル

No.2
（解答 ▶ P.9）

江戸時代の末，日本が開国を迫った欧米諸国と最初に結んだ条約はどれか。

① 日米和親条約

② 日米修好通商条約

③ 日英通商航海条約

④ 日露協約

⑤ 日朝修好条規

No.3
（解答 ▶ P.9）

日米和親条約で締結されたこととして最も適当なものは，次のうちどれか。

① 神奈川・新潟・兵庫・長崎を開港すること。

② 領事の駐在を認めること。

③ 江戸・大坂を開市すること。

④ 開港場に居留地を設けること。

⑤ 領事裁判権を認めること。

No.4

（解答▶P.9）

日米修好通商条約に関して述べた文として，誤っているものはどれか。

① この条約は自由貿易の原則でつらぬかれ，輸入関税率の決定は相互の協定によるなど，経済的には平等互恵的な性格を持つものであった。

② この条約は日本人に対して罪を犯したアメリカ人をアメリカの領事裁判所で裁判するという，いわゆる治外法権を認めたものであった。

③ この条約は相手国に対してのみ最恵国待遇を認めるなど，日本に不利益をもたらす内容を含む不平等条約であった。

④ この条約によって，日本は日米和親条約で開港が決まっていた，下田・箱館のほか，神奈川，長崎，新潟，兵庫の開港を決めた。

⑤ この条約の批准書交換のため幕府の使節がワシントンに赴いたが，この時軍艦咸臨丸が日本人の操船による最初の太平洋横断に成功した。

No.5

（解答▶P.9）

江戸時代末に起こった事件を年代順に並べてあるものとして，正しいのはどれか。

A　坂下門外の変

B　安政の大獄

C　日米和親条約

D　桜田門外の変

E　長州征伐

① A→C→D→B→E

② C→B→D→A→E

③ A→D→E→B→C

④ A→B→C→D→E

⑤ C→A→D→B→E

No.6

（解答▶P.9）

以下の江戸末期に関する記述のうち，正しいものはどれか。

① 大老堀田正睦は安政の大獄を断行した。

② 井伊直弼は坂下門外の変で暗殺された。

③ 八月十八日の政変で，薩摩や会津などの尊王攘夷派は京都から追放された。

④ 新撰組が池田屋事件を起こした。

⑤ 薩摩の中岡慎太郎と長州の坂本龍馬によって薩長連合が成立した。

江戸末期に起こった事件とそれに関する記述の組合せとして妥当なものは，次のうちどれか。

① 桜田門外の変 ─── 和宮降嫁に激怒した尊王攘夷派の志士が，当時の老中首座を襲った。
② 八月十八日の政変 ── 長州藩などの公武合体派が，薩摩・会津を主体とする尊王攘夷派を京都から追放した。
③ 禁門の変 ──── 新選組が京都三条河原にあった池田屋を急襲し，中にいた尊王攘夷派の志士を殺傷した。
④ 蛤御門の変 ─── 長州藩の急進派が薩摩・会津などの藩兵と皇居内外で交戦，敗走した。
⑤ 第二次長州征討 ── 山内豊信が長州藩の実権を握り倒幕の動きを強めたため，幕府が勅許を得ずに長州藩を攻撃した。

江戸時代末期の出来事に関する記述として妥当なのはどれか。

① 1853 年に浦賀沖に軍艦を率いて来航したペリーの要求に屈した幕府は，同年日米和親条約を締結した。
② 外国人が大量に上陸してくることを恐れた幕府は，1853 年から 54 年にかけて，品川の台場を整備して外国人の居留地を画定しようとした。
③ 日米和親条約では，横浜と長崎が開港された。
④ アメリカ外交官のハリスは，清が列強との戦争に敗れ不利益な条約を結んだことを引き合いに出し，大老井伊直弼に通商条約の締結を迫った。
⑤ イギリス外交官サトウが生麦事件で薩摩藩士に殺害され，外交問題から薩英戦争に発展した。

第9章 明治初期（〜日清戦争）

No.1

（解答 ▶ P.10）

明治新政府になったとき，神道的思想が強く表れたが，その影響が出ているものは次のうちどれか。

① 版籍奉還　　　② 五箇条の御誓文　　　③ 身分制度の廃止

④ 学校制度創設　　　⑤ 貴族院の設置

No.2

（解答 ▶ P.10）

明治新政府の政策に関する以下の記述のうち，正しいものはどれか。

① 1873年に公布された地租改正条例によって，地主が地価の3％を地租として豊凶にかかわらず金納するようになった。

② 1871年に出された身分解放令によって，えた・非人など身分が平民同様になったことから，社会的・経済的差別は解消された。

③ 1871年，薩長土三藩から御親兵を集めて武力を強化し，廃藩置県を断行した。これにより旧藩主は知藩事となった。

④ 旧幕府や諸藩から佐渡金山や江戸関口大砲製作所，長崎製鉄所などを接収し，政商といわれる事業家に経営させた。

⑤ 1873年に公布された徴兵令に基づき，満18歳以上の男性が兵役につくことになったが，免除規定があったため，実際に徴兵されたのは貧農の次男や三男が大半だった。

No.3

（解答 ▶ P.10）

明治政府が行ったことに関する以下の記述のうち，妥当なものはどれか。

① 1868年，明治天皇が神に誓う形で，明治政府の基本方針である五榜の掲示を発布した。

② 1869年，大久保利通，木戸孝允らの建議によって，諸藩主が土地と人民を返上する廃藩置県が行われた。

③ 国民皆兵を目指した明治政府は，1873年に出した徴兵令によって，満18歳以上の男性すべてに兵役を課した。

④ 1873年に地租改正条例を制定して，豊凶に関係なく土地の広さに応じて課税し，地主に地価の6％の地租を米で納税させた。

⑤ 華士族の秩禄が政府の負担になったため，1876年に金禄公債証書を発行して秩禄制を廃止した。

富国強兵の達成を課題とした明治政府は旧藩時代の社会や経済の仕組みを撤廃したが，そのことに関する文として誤っているものはどれか。

① 版籍奉還にともない公家・諸侯を華族とし，さらに旧幕臣・諸藩士を士族，足軽以下の下級武士を卒，百姓・町人を平民と称することになった。

② 版籍奉還によって政府が華士族に金禄を支給することになり，これが国家財政を圧迫することになった。

③ 家禄を失った士族を救済するために政府は生業資金を貸与したり開墾を奨励したりしたが，「士族の商法」で失敗し没落する者が多かった。

④ 政府は地租改正を行い，収穫高を基準とする年貢から地価を基準とする金納の課税制度に改めた。

⑤ 政府は近代工業の移植・育成をめざして，富岡製糸場などの官営工場を設立して，民間の企業に模範を提供した。

明治期における政府の政策の中で，寄生地主制を増長し，地主・小作関係を進展させたと思われるものが2つある。1つは「地租改正」だが，もう1つ選ぶなら，下のうちどれが最も適当か。

① 身分制の撤廃

② 殖産工業政策

③ 五榜の掲示

④ 松方財政

⑤ 廃藩置県

明治初期，佐賀の乱，萩の乱，秋月の乱，西南戦争と相次いで士族による反乱が起こった。これらの乱の根本的な原因は何か。

① 廃刀令，徴兵令による士族の存在意義の喪失。

② 秩禄処分などによって，武士階級の生活基盤が失われたこと。

③ 藩閥政府に対する不満。

④ 政府の中枢における権力争い。

⑤ 保守的発想と文明開化に対する反感。

No.7 (解答 ▶ P.11)

次のＡ〜Ｄは，明治政府の実施した諸施策に関する記述であるが，ア〜エに当てはまる人物名の組合せとして最も妥当なのはどれか。

Ａ 旧大名が統治していた各藩の独立した状態を打破するため，1869年新政府首脳の薩摩出身の大久保利通や長州藩出身の（　ア　）らが薩摩・長州・土佐・肥前の4藩主を説き，版（土地）と籍（人民）の返上を朝廷に願い出させた。

Ｂ 官営事業の一つとしての郵便の制度は，（　イ　）の建議によって1871年に欧米の官営制度にならって改革され，1873年には郵便料金の全国均一制がしかれた。

Ｃ 1871年，安政の不平等条約の改正の交渉を進めるため，（　ウ　）を特命全権大使とする使節団が編成され，欧米諸国を巡歴した。

Ｄ 大村益次郎の構想をもとに，奇兵隊の総指揮官であった（　エ　）が，兵力を統一するため，これまで士族のみが担当していた軍隊に替え国民皆兵の軍隊をつくることを推し進め，1873年に徴兵令が発布された。

	ア	イ	ウ	エ
①	板垣退助	伊藤博文	前島密	木戸孝允
②	渋沢栄一	前島密	福沢諭吉	木戸孝允
③	渋沢栄一	岩倉具視	福沢諭吉	山県有朋
④	木戸孝允	伊藤博文	岩倉具視	板垣退助
⑤	木戸孝允	前島密	岩倉具視	山県有朋

No.8 (解答 ▶ P.11)

明治前期に起こった自由民権運動において，民撰議院設立建白書を提出し立志社を設立，後に自由党を結党してその総裁になった，民権運動の中心的人物は，次のうちどれか。

① 江藤新平
② 大隈重信
③ 板垣退助
④ 伊藤博文
⑤ 大久保利通

諸通貨に関する説明文として正しいものは次のうちどれか。

① 明治政府は新政権への信頼を得るため当初多額の金兌換紙幣を発行したが，社会が急速に安定したので太政官札に切り換えた。

② 貨幣制度の統一を図るため，新貨条例では通貨の単位を両・分・円・銭の四種類のみに限定した。

③ 日清戦争後に金本位制が採用されたが，第一次世界大戦期に日本銀行は兌換を停止し，以降現在まで不換制度が続けられている。

④ 日本銀行が設立されると国立銀行の紙幣発行権は停止させられ，ほどなく銀兌換の日本銀行券が発行されるようになった。

⑤ 日露戦争後に貨幣法が制定され，欧米諸国にならって金本位制を確立し貨幣価値の安定と貿易の発展を図った。

1885 年，伊藤博文と李鴻章の間で結ばれた条約で，日清両国の朝鮮からの撤退と将来の出兵時には互いに通知しあうことなどを約した条約は何条約か。

① 北京条約

② 日清修好条規

③ 下関条約

④ 北京議定書

⑤ 天津条約

下関条約（1895 年）に関する記述として，誤っているものはどれか。

① この条約によって，清国は朝鮮が完全に独立国であることを承認した。

② この条約によって，清国は２億両（約３億円）の賠償金を日本に支払うことに同意した。

③ この条約によって，日本は台湾を領有したがロシア，フランス，ドイツ三国の勧告によって清国に返還した。

④ この条約によって，朝鮮に対する清国の影響力は減退したが，かわって日本とロシアが朝鮮進出をめぐって対立しはじめた。

⑤ この条約は日本全権伊藤博文・陸奥宗光と清国全権李鴻章との間で結ばれた。

下の文章を読み内容に適さないものはどれか。

　明治になって近代的な学問が西洋から取り入れられはじめると，多くの外国人の学者が招かれて来日し，新たに設立された東京大学で教鞭を執るなど，様々な活動をした。

① 　ベルツ

② 　フェノロサ

③ 　モース

④ 　ナウマン

⑤ 　シュタイン

第10章 明治中期〜太平洋戦争

No.1

（解答▶P.12）

日露戦争を巡る状況について妥当なもののみをすべて挙げているのはどれか。

A 北清事変をきっかけにロシアが満州を占領し，その後も撤兵せず，朝鮮半島にも勢力を伸ばす動きを示したので，日本はロシアの南下政策を阻止するため日英同盟を成立させた。

B 日本は，中華民国政府に遼東半島や台湾の割譲など二十一カ条の要求をつきつけたが，ロシアがドイツ・フランスとともに干渉し要求の撤回を求めたため，ロシアに宣戦布告した。

C 日露両国はアメリカ合衆国大統領の仲介でポーツマス条約を結び，ロシアは，韓国に対する日本の指導権を認め，旅順・大連の租借権や樺太南半分の日本への譲渡などを承認した。

D 戦争中，造船業・海運業は活況を呈し，いわゆる船成金が続出したが，戦後は金融恐慌が発生するなど深刻な不況が続き，全国各地で困窮した民衆による米騒動が発生した。

① A，B
② A，C
③ B，C
④ B，D
⑤ C，D

No.2

（解答▶P.12）

ポーツマス条約（1905年）に関する記述として誤っているものはどれか。

① この条約は，アメリカ合衆国大統領の仲介により，アメリカで調印された。

② この条約によって，ロシアは日本が韓国に対して一切の指導権を持つことを承認した。

③ この条約によって，ロシアは同国が中国東北部に持っていた鉄道の権益を，日本に譲渡することを承諾した。

④ この条約によって，ロシアは北緯50度以南の樺太と付属の諸島を日本に譲渡することを承諾した。

⑤ この条約によって日本に支払われた賠償金が少額だったので，これに不満を持った国民は，代々木公園で講和反対の国民大会を開いた。

No.3

(解答▶P.13)

日清戦争または日露戦争に関する以下の記述のうち，いずれかの戦争に関する記述のみを組み合わせたものとして妥当なのはどれか。

A　講和条約に反対する国民が暴動を起こした。

B　賠償金は受け取れなかった。

C　開戦当初，朝鮮半島が主戦場となった。

D　戦費調達には，外国に多額の国債を引き受けてもらった。

E　国内で反戦の動きが起こった。

F　講和条約は日本で結ばれた。

G　講和条約の内容につき，第三国から強硬な要求が入った。

① 　A，C，F

② 　B，D，G

③ 　C，F，G

④ 　D，E，F

⑤ 　B，D，F

No.4

(解答▶P.13)

明治時代の日本の対外関係に関する記述として正しいものは，次のうちどれか。

① 　日露戦争の講和条約で，ロシアは韓国に対する日本の優越権を認め，樺太の北緯50度以南を日本に割譲したほか，巨額の賠償金を支払った。この賠償金により日本は金本位制を確立した。

② 　日清戦争後の下関条約において，清国は朝鮮の独立を認め，遼東半島・台湾・澎湖諸島を日本に割譲したが，賠償金を支払わなかった。そのため，日比谷で焼打ち事件が起こった。

③ 　東学党の乱が起こり，清国軍が朝鮮に出兵したため，日本は，朝鮮での権益を守るため日英同盟を結び，清国に宣戦を布告した。

④ 　下関条約による遼東半島の割譲に対して，日本の大陸侵略を恐れたロシアは，フランス・ドイツを誘って強硬に反対した。この三国干渉に対し，日本はアメリカ合衆国とともにシベリアに出兵した。

⑤ 　清では義和団が勢力を増して，北京の列国公使館を包囲し，清朝政府も列国に宣戦を布告した。日本を含む列国は連合軍を派遣して清朝を降伏させ，北京議定書を結んだ。

日本の近代産業の歴史について述べた文として，正しいものはどれか。

① 明治政府は主として1880年代から，官営事業の赤字解消のため，官営工場や鉱山などを民間の政商などに払い下げた。

② 明治20年代には生産と資本の集中が進み，三井・三菱・住友・安田などの持株会社を持った巨大な財閥コンツェルンが出現した。

③ 日露戦争のとき，日本の海運業は世界の船舶不足のなかで巨大な利益を獲得し，その資本家たちは「船成金」とよばれた。

④ 満州事変から日中戦争にかけて重化学工業化が推進され，既成の財閥と並んで日本産業・日本製鉄・日本窒素肥料などの新興財閥が生まれた。

⑤ 官営八幡製鉄所の操業開始に象徴されるように，第一次世界大戦前には工業生産総額が農業生産額を追い越した。

第一次世界大戦期の日本の状況に関する記述として正しいものは，次のうちどれか。

① 日本は三国同盟を理由に，連合国側の一員として第一次世界大戦に参戦した。

② 日本は孫文の中華民国に対して二十一カ条の要求を提出し，承認させた。

③ 第一次世界大戦の結果，日本は東アジアのドイツ勢力を一掃した。

④ 第一次世界大戦中に起こったロシア革命に対し，日本は単独でシベリアに出兵した。

⑤ 戦争にばく大な資金が投入されたため，第一次世界大戦中の日本は経済不況と財政危機に直面した。

1918年富山県魚津港で起った県外移出米積込み拒否に端を発した米騒動の発生は，寄生地主制の下での米穀生産を背景として起こったが，その直接の原因となったのは次の中のどれか。

① 第一次世界大戦参戦による一時的な米不足

② 日露戦争中の農村の疲弊による米不足

③ 青踏社運動等に見られる女性の消費者意識の向上

④ 世界的インフレ波及による購買力低下

⑤ シベリア出兵の決定による米の投機的買占め

No.8

（解答 ▸ P.14）

1918 年米騒動によって政府批判が高まり，原敬が後継内閣を組織した。この内閣に関する説明として誤っているものはどれか。

① この内閣は，陸海軍大臣と外務大臣を除くすべての閣僚を政党員で占める，政党内閣であった。

② この内閣のもとで，満 25 歳以上の男性に選挙権を与える普通選挙制度が成立した。

③ この内閣のもとで，日本は第一次世界大戦の講和会議に参加した。

④ この内閣の時に，朝鮮では日本の植民地政策に反対する民衆の示威運動が起こった。

⑤ この内閣は，衆議院の第一党である立憲政友会の総裁を首相とするものであった。

No.9

（解答 ▸ P.14）

大正時代に関する記述として妥当なのはどれか。

① 大正デモクラシーの風潮の中で人々の政治意識が高まり，様々な政治運動が活発化して男子普通選挙が実現された。

② 第一次世界大戦が始まると重工業や運輸業が収益を伸ばし，三菱や住友などの新興財閥が繁栄の基礎を固めた。

③ 日本国内で米騒動が本格化したため，治安回復のためにシベリア出兵は中止された。

④ 日ソ基本条約でソビエト政府を承認すると，国内でも社会主義運動が盛り上がり，以後は戦時中をのぞきメーデーが行われるようになった。

⑤ 大正時代には護憲運動に見られるように政党の勢力が強く，大正年間は一貫して本格政党内閣が政権を支配したため，「政党内閣の時代」と呼ばれる。

次のA～Eの記述のうち，大正デモクラシーに関するもののみをすべて挙げているのはどれか。

A　植木枝盛は，主権在民の立場から基本的人権の保障や，政府の不法に対する人民の抵抗権と革命権を認めた急進的な憲法私案を起草した。

B　政治学者の吉野作造は，天皇制の下における民主主義（民本主義）の確立の必要性を説き，普通選挙の実現や議院内閣制の確立を主張した。

C　護憲三派内閣によって普通選挙法が成立し，これによって，衆議院議員の選挙権に関する納税額による制限は全廃され，有権者は一挙に約4倍に増加した。

D　地主制が民主化を妨げた大きな原因であるとして，農地改革が実施された結果，地主制は解体されて，小作人が自作農になり，農村の封建関係が一掃された。

E　市川房枝らによって新婦人協会が，山川菊栄ら社会主義者によって赤瀾会が結成され，女性の政治活動への参加や選挙権獲得をめざした活動が展開された。

① A，C
② A，D，E
③ B
④ B，C，E
⑤ C，D

日本の選挙権資格の変遷に関して書かれた以下の表中A～Dに当てはまる語句の組合せとして妥当なものは，次のうちどれか。

公布年	直接国税の納税額	年齢・性別	当時の内閣総理大臣
1889年	15円以上	（　B　）	黒田清隆
1900年	（　A　）	満25歳以上男性	山県有朋
1919年	3円以上	満25歳以上男性	（　D　）
1925年	なし	（　C　）	加藤高明
1945年	なし	満20歳以上男・女	幣原喜重郎

	A	B	C	D
①	10円以上	満25歳以上男性	満20歳以上男性	浜口雄幸
②	12円以上	満30歳以上男性	満25歳以上男性	原敬
③	12円以上	満25歳以上男性	満20歳以上男性	原敬
④	10円以上	満30歳以上男性	満25歳以上男性	浜口雄幸
⑤	10円以上	満25歳以上男性	満25歳以上男性	原敬

No.12

(解答 ▶ P.14)

以下の5つは日本歴史の上で重要な史実であるが，これを年代順に正しく並べたものはどれか。

A　関東大震災

B　大日本帝国憲法発布

C　版籍奉還

D　日英同盟成立

E　日清戦争

①　B→C→D→A→E

②　C→B→A→E→D

③　C→E→B→D→A

④　C→D→B→E→A

⑤　C→B→E→D→A

No.13

(解答 ▶ P.14)

明治・大正にかけての女性の地位についての記述として正しいものは，次のうちどれか。

①　新しい民法の制定によって，男女平等が原則となった。

②　普通選挙法が改正され，女性の参政権が認められた。

③　仏教思想の男女平等が普及し，女性の地位は向上した。

④　織物工場等に女性が進出し，労働者としての女性の権利が向上した。

⑤　江戸時代とあまり変化はなく，男尊女卑の風潮は依然として強かった。

No.14

(解答 ▶ P.14)

下の事件は，昭和初期の重大事件である。これを年代順に並べたものとして，正しいものはどれか。

A　日本の国際連盟脱退の通告

B　二・二六事件

C　五・一五事件

D　柳条湖事件

E　盧溝橋事件

①　A→C→D→E→B

②　C→A→D→E→B

③　C→D→A→B→E

④　D→A→C→B→E

⑤　D→C→A→B→E

第一次世界大戦後に国際連盟が成立し日本も加盟したが，その後日本はこの国際連盟を脱退した。この脱退声明の直接原因となったのは次の中のどれか。

① 満州国の建国

② ノモンハン事件

③ 上海事変

④ 日独伊防共協定

⑤ 第二次世界大戦（太平洋戦争）

1925 〜 1935 年の日本の対外政策について述べた文として正しいものは次のうちどれか。

① 国民革命軍の北伐を抑えるため，3度にわたる満州出兵が行われた。

② ワシントン軍縮条約の調印に対し，軍部は統帥権干犯であると非難した。

③ 軍部は満州事変を引き起こし，「満州国」を建国する工作を進めた。

④ 日本軍撤兵の勧告が総会で採択されると，日本は国際連合から脱退した。

⑤ 満州事変後も日中両国軍は衝突し，第一次西安事件が起こった。

以下に挙げる人物と，その人物が内閣総理大臣の在任中に起こった出来事の組合せとして妥当なものは，次のうちどれか。

① 伊藤博文 ――――― 二十一カ条の要求

② 原敬 ――――――― 韓国併合

③ 山県有朋 ――――― ワシントン海軍軍縮条約

④ 犬養毅 ――――――二・二六事件

⑤ 近衛文麿 ――――― 国家総動員法

No.18

（解答 ▶ P.15）

以下の年表の（　　）を埋めて表を完成させるとき，正しい内容を入れたものの組合せとして妥当なのはどれか。

昭和 2 年　金融恐慌

昭和 3 年　張作霖爆殺事件

昭和 5 年　（　A　）

昭和 6 年　（　B　）

昭和 8 年　（　C　）

昭和 11 年　（　D　）

昭和 13 年　（　E　）

昭和 14 年　（　F　）

昭和 15 年　日独伊三国同盟

① A　ワシントン海軍軍縮条約調印　　C　国際連合脱退

② B　満州事変勃発　　　　　　　　　D　二・二六事件発生

③ B　世界恐慌発生　　　　　　　　　E　国家総動員法公布

④ C　五・一五事件発生　　　　　　　F　第二次世界大戦開戦

⑤ D　天皇機関説問題発生　　　　　　E　盧溝橋事件発生

No.19

（解答 ▶ P.15）

以下の各出来事は，いずれも軍隊が治安出動した事件であるが，これらを古いものから年代順に並べたものとして正しいものは，次のうちどれか。

A　日比谷焼打ち事件

B　米騒動

C　二・二六事件

D　関東大震災

① A→B→C→D

② A→B→D→C

③ B→A→C→D

④ B→A→D→C

⑤ C→D→B→A

わが国の昭和初期から太平洋戦争までの政治状況に関する記述として，正しいのはどれか。

① 犬養内閣は，大逆事件などの政府要人の暗殺を繰り返す軍部に対抗するために，治安維持法を制定し，政府の維持強化に努めた。

② 浜口内閣は，昭和恐慌を乗り切るべく積極的な財政政策を盛り込んだ国家総動員法を作り，ヨーロッパの第一次世界大戦による好景気も手伝って，経済再建に成功した。

③ 陸軍青年将校のあるグループが起こした二・二六事件は失敗に終わったものの，これ以後軍部の政府に対する発言力が増した。

④ 若槻内閣は，イタリア・ドイツ・スペインと軍事同盟を結ぶことで，アジアへ進出する準備を進め，満州事変について国際連盟で非難を浴びると，これを脱退した。

⑤ 東条内閣は，朝鮮半島の植民地化や満州国建国などの政策を実施し，これに反対するアメリカ合衆国に対して太平洋戦争を開始した。

太平洋戦争中に起こった出来事を書いてある以下の各文を，古いものから年代順に並べたものとして正しいのはどれか。

A 20歳以上の法文系の学生が，徴兵猶予の撤廃によって召集され，戦場に送り込まれた。

B 3月，アメリカ空軍のB29戦闘機が夜間爆撃を行い，東京全体の約4割が焼け野原になり，約10万人の死者が出た。

C ソ連が対日宣戦を通告し，満州に進撃した。

D 日本連合艦隊の主力が，ミッドウェー海戦で壊滅的な打撃を受け，戦局が大転換した。

① A→B→C→D

② C→A→B→D

③ D→A→B→C

④ B→C→D→A

⑤ A→D→B→C

第11章 終戦後

No.1 （解答 ▶ P.16）

次の中で 1945 ～ 50 年代前半の出来事について述べた記述として妥当なのはどれか。

① 日米安全保障条約の全面改定に伴い，安保闘争が起こった。

② 女性の地位向上のため，男女雇用機会均等法などのいわゆる婦人三法が制定された。

③ 小笠原諸島と沖縄が日本に復帰した。

④ 教育基本法が制定され，義務教育 9 年制や男女共学などが規定された。

⑤ 労働運動の激化を抑制するため，治安維持法が制定された。

No.2 （解答 ▶ P.16）

第二次世界大戦後に実施されたわが国の民主化政策に関する記述として正しいものは，次のうちどれか。

① 民法の改正によって，戸主に対する特別な権利が認められた。

② 選挙制度の改正で，満 20 歳以上の男女に選挙権が与えられた。

③ 地方自治法が制定され，地方自治体の首長はすべて議会選出になった。

④ 教育基本法が定められ，小学校 6 年間のみが義務教育とされた。

⑤ 農地改革によって地主制が廃止され，山林原野が農民に解放された。

No.3 （解答 ▶ P.16）

戦後の民主化について述べた記述として妥当なのはどれか。

① 労働者の待遇が大幅に改善され，55 歳の定年制や週 40 時間労働が法律で保障された。

② 三井家，岩崎家，安田家などの保有する大量の株式が買い上げられ，一般に売却された。

③ GHQ は労働者の権利拡張を目指し，ゼネラルストライキの実行を奨励した。

④ 教育に関する法律が整備され，義務教育期間が 4 年から 9 年へ引き上げられた。

⑤ 自作農を増やす政策が採られ，すべての耕作をしない土地所有者から農地を買い上げ，小作人に売却された。

次に挙げる各項目のうち，1945年にＧＨＱのマッカーサー最高司令官が幣原喜重郎首相に口頭で要求した「五大改革指令」に含まれないものはどれか。

①　国家と神道の分離

②　労働組合の結成

③　圧政的諸制度の撤廃

④　婦人の解放

⑤　経済の民主化

戦後日本は，1951年に締結されたサンフランシスコ平和条約によって主権を回復するが，この条約を調印しなかった国は，次のうちどれか。

①　イギリス

②　ドイツ

③　ソ連

④　インドネシア

⑤　ベトナム

ア～エは経済の高度成長に関連する出来事について述べたものである。これらを古いものから年代順に正しく配列したものはどれか。

ア　第18回オリンピックが東京で開催された。

イ　池田内閣が国民所得倍増計画を打ち出した。

ウ　第1次石油危機により原油価格が4倍以上に上がった。

エ　『経済白書』に「もはや戦後ではない」と記された。

①　イ→エ→ウ→ア

②　イ→ウ→エ→ア

③　エ→ア→イ→ウ

④　エ→イ→ア→ウ

⑤　ウ→エ→イ→ア

第12章 通史

No.1

（解答 ▶ P.17）

次は，わが国のある時代に関する記述であるが，この時代の政治形態として最も妥当なのはどれか。

○ この時代には，一国の国務の執行権を特定の個人に委ね，その国から納められる税の全部，または一部を年限を定めて与えるという知行国の制度が発展した。

○ 世俗化しつつあった寺院は，ますます勢力を蓄え，僧兵を擁して横暴な振る舞いが多く，他の寺院と争うことが多かった。

○ 民間の歌謡を集めた『梁塵秘抄』が生まれた。また，絵画では絵巻物が発達し，『伴大納言絵巻』や『鳥獣戯画』などが描かれた。

① 天武，持統天皇時代の律令政治

② 藤原氏による摂関政治

③ 白河天皇（上皇）に始まる院政

④ 北条氏による執権政治

⑤ 後醍醐天皇による親政

No.2

（解答 ▶ P.17）

次の文は，わが国のある時期の特色を示したものである。この時期と同じ時期にあったこととして正しいのはどれか。

　この時期には，領主が分国法（家法）の制度によって家臣や農民を統制する一方，領国支配の必要から領内の要地を城下町とし，家臣を集め，商工業を誘致し，楽市・楽座の制などの政策によって政治・経済の中心地とした。また，商業の進展に伴い商品輸送の拠点として港町が発達し，そのいくつかは豪商を中心に自治組織を作り，自由都市的な様相を示した。

① 交通通信制度の整備が進んで，物資の大量輸送が可能になり，平城京では東大寺などの大寺院の建築が盛んになった。

② 建武の中興により公家政治の理想を実現するための諸改革が行われたが，武士たちは要求を満たされず不満がつのった。

③ 荘園や御所の警固などを通じて武士は力を蓄え，源氏の争乱を経て，武家政治が始まった。

④ ヨーロッパ人が訪れ，彼らとの接触を通じて鉄砲が伝えられ，その後の戦闘の仕方に変化を与えた。

⑤ 公地公民制に基づく班田制が崩れて各地に荘園が発達し，多くの土地が貴族や寺院に集中した。

中世の社会に関する記述として妥当なのはどれか。

① 国人と呼ばれる有力武士を中心に地域的集団を結成した農民らが，領主の大名に対抗して一揆を起こす地域が見られた。

② 貴族や寺院の大土地所有が広範囲で残ったため，土着の武士や農民は生活困窮から逃亡して，各地を流転するものも多かった。

③ 農業生産力が上がり定期市が立つようになるが，貨幣の流通は進まず，戦国時代末期まで物々交換が一般に行われた。

④ 守護大名は，当初は徴税要員であった守護が，管轄の経済を掌握して支配力を強めた形態である。

⑤ 商業振興に海運が重視され，定期航路は国内にとどまらず琉球や明，東南アジアまで拡大した。

古代から近世におけるわが国の土地制度に関する記述として妥当なのはどれか。

① 全国に班田収授の法が施行され，戸籍に基づいて15歳以上の戸主に口分田が与えられる一方，租・庸・調や雑徭，兵役などの負担は軽いものであったため，農民の生活は豊かになった。

② 政府は口分田の不足などへの対策として墾田永年私財の法を発布したが，その政策により墾田が増加し，律令制の基礎である公地公民制が徹底されることとなった。

③ 開発領主は中央の貴族や寺社に土地を寄進して名義上の領主になってもらい，自らはその下で荘官として荘園の実質的な管理・支配者となった。

④ 地頭は荘園領主である有力な貴族や大寺院に対して年貢を納入する義務を負っていたが，それを滞納・横領したため，荘園領主は地頭を排除し，荘園を一元的支配へと変えていった。

⑤ 豊臣秀吉が全国規模で実施した検地を太閤検地というが，この事業によって一地一作人の原則に基づく荘園制度が再建されることとなった。

No.5

(解答 ▶ P.18)

日本の宗教史に関する記述として正しいのは，次のうちどれか。

① 奈良時代に大陸から仏教が伝来し，仏教保護のため国分寺が諸国に建立された。

② 平安時代には，皇族や貴族の間で密教がもてはやされ，加持祈禱によって現世利益を図るようになった。

③ 鎌倉幕府の保護を受けた日蓮宗は，東国の地方武士を中心に諸国に広がった。

④ 外国からの侵略を恐れた江戸幕府は，キリスト教を禁教とし，宗門改めを行うために五人組制度を設けた。

⑤ 明治政府は，神仏分離令を公布して仏教を国教と定め，西欧諸国との関係上キリスト教も認めることにした。

No.6

(解答 ▶ P.18)

日本文化の分類と，その文化を代表する建築物，絵画などの組合せとして妥当なのはどれか。

①	飛鳥文化	東大寺南大門	『高徳院阿弥陀像』
②	弘仁・貞観文化	『唐招提寺鑑真和上像』	『鳥毛立女屛風』
③	白鳳文化	室生寺五重塔	『教王護国寺両界曼荼羅』
④	国風文化	平等院鳳凰堂	『高野山聖衆来迎図』
⑤	天平文化	『興福寺仏頭』	『薬師寺金堂薬師三尊像』

No.7

(解答 ▶ P.18)

日本の各文化とそれに関する記述として，妥当なものは次のうちどれか。

① 天平文化 —— 初唐文化の影響を受け，薬師寺金堂薬師三尊像や興福寺仏頭が作られた。

② 国風文化 —— 醍醐天皇の命により，紀貫之らによって古今和歌集が編纂された。

③ 東山文化 —— 運慶快慶らによって，東大寺南大門金剛力士像が作られた。

④ 北山文化 —— 琳派の画家尾形光琳によって唐獅子図屛風が描かれた。

⑤ 化政文化 —— 上方を中心に発展し，好色物の近松門左衛門や浄瑠璃の井原西鶴が活躍した。

『古事記』と『日本書紀』に関する記述として，正しいのはどれか。

① 古事記は歴史書ではなく，日本書紀は歴史書であると言われている。

② 古事記は太安万侶が稗田阿礼の誦習を筆録したものである。

③ 古事記は正式な漢文体で書かれている。

④ 日本書紀は古事記より前に完成した。

⑤ 古事記は，いまだに読めない部分がある。

以下に挙げる建築物のうち，国風文化期のものはどれか。

① 薬師寺東塔

② 法隆寺

③ 平等院鳳凰堂

④ 東大寺法華堂（三月堂）

⑤ 正倉院宝庫

以下の作品，作者，活動時期の組合せが正しいものはどれか。

① 『風神雷神図屏風』　俵屋宗達　安土桃山時代

② 『瓢鮎図』　如拙　安土桃山時代

③ 『紅白梅図屏風』　尾形光琳　元禄期

④ 『見返り美人図』　菱川師宣　文化文政期

⑤ 『市川鰕蔵』　葛飾北斎　元禄期

No.11

（解答 ▶ P.18）

以下に挙げる絵画と作者の組合せとして，最も妥当なものはどれか。

① 『唐獅子図屛風』――― 俵屋宗達

② 『風神雷神図屛風』―― 狩野探幽

③ 『見返り美人図』――― 尾形光琳

④ 『富嶽三十六景』――― 葛飾北斎

⑤ 『東海道五十三次』―― 喜多川歌麿

No.12

（解答 ▶ P.19）

以下に挙げる絵画を成立したと考えられる年代順に並べ替えたとき，1番目と3番目の組合せとして妥当なものは，次のうちどれか。

A 『春日権現験記』

B 『平等院鳳凰堂扉絵』

C 『燕子花図屛風』

D 『唐獅子図屛風』

	1番目	3番目
①	A	C
②	A	D
③	B	C
④	B	D
⑤	C	A

No.13

（解答 ▶ P.19）

南北朝時代または室町時代の文化に関する記述として，妥当なのはどれか。

① 一条兼良が編集した『菟玖波集』は，勅撰集に準じられ，連歌は伝統的公家文化である和歌と対等の地位を得た。

② 北畠親房が書いた『神皇正統記』は，皇位の継承は道理によるべきことを主張し，南朝の正統性を訴えたものである。

③ 土佐光信は，水墨画の作画技術を集大成するとともに，禅画の制約を乗り越え，日本的な水墨画様式を創造した。

④ 二条良基は，茶と禅の精神の統一を主張し，茶室で心の静けさを求める侘茶を創出した。

⑤ 足利義満の建てた金閣は，禅僧の日常の住居である書院造と唐様を折衷したもので，武家独自の簡素な美しさを表している。

(解答▶P.19)

次は，江戸時代中期以降の絵画に関する記述であるが，A～Cに該当するものの組合せとして妥当なのはどれか。

　江戸時代中期以降，文化の中心は上方から江戸に移り，町人文化が栄えたが，絵画の世界では，（　A　）が最盛期を迎えた。代表的画家としては，美人画の喜多川歌麿や役者絵の（　B　）が挙げられるが，特に有名なのは，天保の頃に活躍した風景画の葛飾北斎や（　C　）である。

	A	B	C
①	浮世絵	東洲斎写楽	歌川（安藤）広重
②	浮世絵	狩野永徳	円山応挙
③	浮世絵	狩野永徳	歌川（安藤）広重
④	水墨画	東洲斎写楽	歌川（安藤）広重
⑤	水墨画	狩野永徳	円山応挙

 (解答▶P.19)

次は江戸時代における蘭学に関する記述であるが，このうち「田沼時代」のものとして最も妥当なのはどれか。

① 実用的な新知識の導入のため，漢訳洋書の輸入の制限が緩和された。また，青木昆陽，野呂元丈が長崎に派遣され，オランダ語を習得した。

② 前野良沢，杉田玄白らは実際に死刑囚の解剖を見学後，オランダの解剖書『ターヘル＝アナトミア』を翻訳し『解体新書』として出版した。

③ 長崎郊外の鳴滝塾で教えたシーボルトが帰国しようとした際，国外持ち出し禁止の日本地図を所持していることが発覚し，国外追放処分を受けた。

④ モリソン号の処置に関して，高野長英は『戊戌夢物語』を，渡辺崋山は『慎機論』を著し幕政批判をしたため，蛮社の獄で処罰された。

⑤ 長崎から高島秋帆が招かれて洋式砲術を教授した。また，その門人の江川英竜（江川太郎左衛門）は，伊豆韮山に反射炉を築いた。

No.16

(解答 ▶ P.19)

次のA〜Cの各文章は，日本のいずれかの時代における文化の特色について述べたものである。政治・社会に関するア〜ウの記述と時代が一致するものの組合せとして，正しいものはどれか。

A　盛唐の影響を受けた国際色豊かな貴族文化である。その一方で，『古事記』や『日本書紀』，『万葉集』などの，国史の編纂や和歌の完成も進められた。

B　貴族を中心とする文化で，清新さと明朗性を特色とする。「法隆寺金堂壁画」や「薬師寺東塔」，『薬師寺金堂薬師三尊像』などはこの文化のものである。

C　かな文字が発達して平仮名や片仮名の字形がほぼ完成するなど，それまでに吸収した大陸文化の上にたって旧来の日本文化が洗練され，文芸や芸術が新しい姿を見せるようになった。

ア　藤原氏の摂関政治が最盛期を迎え，荘園は初期荘園から寄進地系荘園へと形式を変えていった。

イ　律令体制を整備することによって，中央集権国家の建設を目指した。

ウ　都が平城京に遷都され，鎮護国家の思想によって政治や社会の不安を鎮めようとした。

	A	B	C
①	ア	イ	ウ
②	イ	ウ	ア
③	イ	ア	ウ
④	ウ	イ	ア
⑤	ウ	ア	イ

No.17

(解答 ▶ P.19)

明治・大正時代の文学の潮流とその担い手に関する記述として妥当なのはどれか。

① 日本の近代文学興隆期に坪内逍遥の『浮雲』，二葉亭四迷の『小説神髄』などが相次いで発表され，写実主義がひろまった。

② 20世紀に入る頃にはロマン主義が強まり，与謝野晶子や樋口一葉らが活躍した。

③ 文学雑誌『白樺』に寄稿したグループは白樺派と呼ばれ，永井荷風，泉鏡花，谷崎潤一郎などが中心となり個性や理想を強く主張した。

④ 白樺派と張り合う勢力として，雑誌『三田文学』を軸に結集した耽美的な一派があり，夏目漱石は三田派の中心として活躍した。

⑤ ヨーロッパの自然主義思想の流れを受け，雑誌『新思潮』が発行された。芥川龍之介や菊池寛が指導した派閥で，新現実主義と呼ばれる。

以下の作家と作品名の組合せで，正しいものはどれか。

① 川端康成 ――『伊豆の踊子』

② 横光利一 ――『羅生門』

③ 芥川龍之介 ―『恩讐の彼方に』

④ 菊池寛 ―――『女の一生』

⑤ 山本有三 ――『日輪』

世界史

第1章 古代

No.1 （解答▶P.20）

次の文中の空欄A〜Dに当てはまる語の組合せとして正しいものは，次のうちどれか。

　紀元前5世紀初め頃，地中海世界ではイオニア植民市の反乱を機に　A　戦争が始まり，アテネを主力とするギリシア軍によって　A　は敗退した。戦後アテネは　A　の再攻に備えて　B　を結成し，ほかのポリスを支配した。またアテネでは，軍艦の漕ぎ手として働いた無産市民の発言力が増し，政治に参加するようになった。その結果，成年男子市民の出席する　C　が政治上の最高機関となり，　D　のもとで民主政治が完成した。

	A	B	C	D
①	ペルシア	デロス同盟	民会	ペリクレス
②	ペルシア	ペロポネソス同盟	民会	クレイステネス
③	ペルシア	デロス同盟	元老院	クレイステネス
④	カルタゴ	ペロポネソス同盟	民会	クレイステネス
⑤	カルタゴ	デロス同盟	元老院	ペリクレス

No.2 （解答▶P.20）

古代ギリシアの都市国家において，民主主義がかなり発達していたが，なお民主主義に達していない点が存在していた。それを最もよく示す事実として，正しいのは次のうちどれか。

① 官吏，軍人，商人，農民などの間に差別待遇がはなはだしかった。

② 人口の大部分を占める奴隷や婦人などには参政権が与えられなかった。

③ 貴族，大地主の民会における表決権は，一般市民より優遇されていた。

④ 宗教の信仰を強制し，他宗教の存在を認めなかった。

⑤ 官吏になれる者は，貴族・大地主出身に限られた。

No.3

（解答▶P.20）

古代ギリシアに関する記述として正しいものは，次のうちどれか。

① クレイステネスは，独裁者である僭主の出現を防ぐために，オストラシズム（陶片追放）を制度化した。

② アレクサンドロスはマケドニア兵を率いて行った東方遠征によって，ローマ帝国を征服した。

③ ペルシア戦争中，アテネはペルシア軍の侵入をマラトンの戦いでは撃退したが，サラミス海戦では敗北した。

④ スパルタはポリスの中では最も民主的であったので，奴隷は存在しなかった。

⑤ ペルシア戦争終結後，アテネはソロンの指導下で民主政の最盛期を迎えた。

No.4

（解答▶P.20）

次のA〜Eはいずれもローマ帝国に関する記述であるが，これを年代の古い順に並べたものとして正しいのはどれか。

A コンスタンティヌス帝が，キリスト教を公認する。

B オクタヴィアヌスが元老院からアウグストゥスの称号を受ける。

C 帝国の最盛期である五賢帝時代を迎える。

D カルタゴとの間に，3回にわたるポエニ戦争が起こる。

E カエサル，クラッスス，ポンペイウスにより第1回三頭政治が始まる。

① D→A→E→B→C

② D→E→A→B→C

③ D→E→B→C→A

④ E→B→C→D→A

⑤ E→D→B→C→A

No.5

（解答▶P.20）

古代ローマに関する記述のうち，正しいものは次のうちどれか。

① 共和政時代，ローマの最高政務官は平民出身の護民官だった。

② BC5世紀半ば，ローマ最古の成文法である十二表法が制定された。

③ 3回にわたるポエニ戦争の結果，カルタゴに西地中海の覇権を奪われた。

④ 第1回三頭政治の結果，ポンペイウスが終身のディクタトル（独裁官）になった。

⑤ BC27年，元老院はアントニウスにアウグストゥス（尊厳者）の称号を贈った。

（解答▸P.20)

古代ローマの政治に関する記述として，妥当なのはどれか。

① 十二表法により，貴族の大土地所有が制限された。

② ホルテンシウス法で，平民会で議決された内容がそのまま法律となった。

③ リキニウス・セクスティウス法で貴族が慣習法を乱用できない制度を確立した。

④ カエサルは元老院からアウグストゥス（尊厳者）の称号を受け，元首政を布いた。

⑤ ミラノ勅令により国内全ての自由民にローマ市民権が与えられた。

 （解答▸P.21)

以下のローマ帝国とキリスト教に関する記述の空欄A～Dに入る語句の組合せとして，最も妥当なものはどれか。

　キリスト教は，イエスの直弟子である使徒の活動や伝道によってローマ帝国内に広まっていったが，皇帝崇拝を拒否したためたびたび迫害された。この時期信者たちは，地下墓所であり避難所や礼拝堂としても使用された（　A　）で信仰を続けた。

　増加し続ける信者数に対し皇帝は，キリスト教徒を敵として帝国統一が不可能であることを悟り始めた。そして313年，当時帝国の西部を支配していた（　B　）帝はミラノ勅令を出して，キリスト教を公認した。しかし当時のキリスト教は教会による神学上の見解相違が発生していたため，（　B　）帝は325年に（　C　）公会議を開き，（　D　）派の教義を正統とした。

	A	B	C	D
①	ピラトゥス	コンスタンティヌス	エフェソス	アリウス
②	カタコンベ	ディオクレティアヌス	ニケーア	アリウス
③	ピラトゥス	ディオクレティアヌス	エフェソス	アタナシウス
④	カタコンベ	コンスタンティヌス	エフェソス	アタナシウス
⑤	カタコンベ	コンスタンティヌス	ニケーア	アタナシウス

第2章 中世ヨーロッパ

No.1

（解答 ▶ P.21）

次の説明に当てはまる国家として，正しいものはどれか。

　ゲルマン民族大移動の際，この民族の移動距離は他の民族より短く，クローヴィス王は，他の諸族がアリウス派だったのに対し，アタナシウス派のキリスト教に改宗した。

① 　ブルグンド王国

② 　フランク王国

③ 　アングロ＝サクソン七王国

④ 　ヴァンダル王国

⑤ 　ランゴバルド王国

No.2

（解答 ▶ P.21）

次の説明に当てはまる人物として，正しいものはどれか。

　教皇を脅かす存在だったロンバルト王国を征服し，イスラム教徒を破るなどして西ヨーロッパ主要部分の大統一に成功したこの人物は，各州に伯をおいて全国を統治し，法の制定や経済の発展，教育文化の振興にも努めた。

　この功績に対し当時の教皇は800年，西ローマ皇帝の帝冠を授けた。これにより，西ローマ帝国が復活した。

① 　クローヴィス

② 　カール＝マルテル

③ 　ピピン3世

④ 　カール大帝

⑤ 　レオ3世

以下の十字軍の遠征に関する記述の空欄A～Dに入る語句の組合せとして，最も妥当なものはどれか。

7世紀頃始まった西方キリスト教世界と東方イスラム教世界の接触は，当初イスラム世界の方が優勢だったものの，8世紀に始まった（　A　）半島におけるレコンキスタ（国土回復運動）など，徐々にキリスト教世界が反撃に転じるようになった。

11世紀に入り，セルジューク朝に小アジアを脅かされていたビザンツ皇帝は，ローマ教皇を通じて援助を求めた。これに対し当時の教皇（　B　）は，1095年にクレルモン公会議を招集し，聖地奪回の聖戦を起こすことを決議した。これによる東方遠征が十字軍遠征である。

1096年に出発した第1回十字軍は聖地占領に成功しイェルサレム王国を建国した。しかし1187年にはエジプト・アイユーブ朝の（　C　）にイェルサレムを奪い返され，第3回十字軍が派遣されるも奪回に失敗。第4回に至ってはヴェネツィアの商人に操られ聖地回復の目的を捨て（　D　）を占領するなど，徐々に当初の目的よりも経済的・政治的動機が大きなウェートを占めるようになった。

	A	B	C	D
①	イタリア	グレゴリウス7世	サラディン	アンティオキア
②	イタリア	ウルバヌス2世	バイバルス	アンティオキア
③	イベリア	ウルバヌス2世	サラディン	コンスタンティノープル
④	イベリア	ウルバヌス2世	バイバルス	アンティオキア
⑤	イベリア	グレゴリウス7世	サラディン	コンスタンティノープル

11世紀～13世紀の間に行われた「十字軍遠征」に関する記述として，正しいものはどれか。

① 11世紀の中頃，オスマン帝国が聖地イェルサレムを占領したことが直接の原因である。

② 1095年，教皇フィリップ2世がクレルモン公会議を招集し，十字軍発向を宣言した。

③ 第1回遠征に失敗した十字軍は，第2回遠征でイェルサレム占領に成功し，そこにイェルサレム王国を建てた。

④ 第2回十字軍遠征後にエジプトを支配したサラディンは，1187年イェルサレム王国を滅ぼした。

⑤ 第4回十字軍はイェルサレム奪回の目的を捨て，ビザンティン帝国の首都アンティオキアを占領した。

No.5

（解答▸P.22）

十字軍の事実上の失敗以後，ヨーロッパでは教皇権が失墜し，君主が強い権力を握り，専制政治を行った。この時期の政治形態を何というか。

① 王道政治

② 帝国主義

③ 絶対主義

④ 専制主義

⑤ 王権神授説

No.6

（解答▸P.22）

神聖ローマ帝国を滅ぼした人物は次の中の誰か。

① ルイ 16 世

② インノケンティウス 3 世

③ チンギス＝ハン

④ ナポレオン 1 世

⑤ オットー 1 世

第3章 近代ヨーロッパの誕生

No.1
(解答 ▸ P.22)

ローマ教皇に関連する以下の出来事を起こった年代順に並べ替えたものとして妥当なものは，次のうちどれか。

A　ヴォルムス協約

B　教皇のバビロン捕囚

C　大シスマ

D　カノッサの屈辱

E　ピピンの寄進

① E→D→A→B→C

② E→A→D→C→B

③ E→A→D→B→C

④ D→E→B→A→C

⑤ D→A→C→E→B

No.2
(解答 ▸ P.22)

以下の文の空欄に当てはまる教皇の名前を正しく入れた組合せとして，妥当なものはどれか。

1　教皇〔　A　〕はカール大帝にローマ皇帝の冠を与えた。

2　教皇〔　B　〕は叙任権闘争で皇帝ハインリヒ4世を屈服させた。

3　教皇〔　C　〕は英仏の王を破門し，公会議を招集して異端討伐を行った。

4　教皇〔　D　〕はフランス王と対立した結果，アナーニで監禁された。

① A　レオ3世　　　　　C　インノケンティウス3世　　D　ボニファティウス8世

② B　ウルバヌス2世　　C　グレゴリウス8世　　　　　D　ベネディクトゥス15世

③ A　レオ3世　　　　　C　ウルバヌス2世　　　　　　D　ボニファティウス8世

④ B　グレゴリウス7世　C　インノケンティウス3世　　D　ピウス7世

⑤ A　グレゴリウス1世　B　ウルバヌス2世　　　　　　C　ベネディクトゥス16世

No.3

(解答▶P.22)

以下の説明に当てはまる人物として，最も適当なものはどれか。

　1536年に『キリスト教綱要』を出版したこの人物は，フランス出身の宗教改革者で，ジュネーブで独自の宗教改革に尽力した。彼の説は厳格な禁欲主義を特徴とし，魂の救いは人の意志や善行とは関係なくあらかじめ神が定めているとする「予定説」を説いた。

① 　ルター

② 　ツヴィングリ

③ 　カルヴァン

④ 　ユグノー

⑤ 　イグナティウス゠ロヨラ

No.4

(解答▶P.22)

宗教改革に関する記述として正しいものは，次のうちどれか。

① 　宗教改革は，ローマ教皇が聖書を買うことで罪が許されるとして聖書を盛んに売り出したことに端を発している。

② 　ドイツのルターは「人はただ信仰によってのみ救われる」と唱えて，カトリック教会や教皇を批判した。

③ 　スイスのカルヴァンは「仕事に励んで富を蓄えることは罪である」と説いて，商工業者を批判した。

④ 　プロテスタントと呼ばれるルター派やカルヴァン派は，主にフランスやスペイン，イタリアなどに広まった。

⑤ 　カトリック教会側も信仰の立て直しを図り，その中心となったイエズス会は，オランダやイギリスの支持を受け，海外布教にも力を入れた。

ルネサンスに関する記述として正しいものは，次のうちどれか。

① ルネサンスは，人文主義エラスムスの活躍によりネーデルラントで始まった文化運動であり，その後，イタリアで最も盛んになった。

② ルネサンスは，ギリシア・ローマの古典文化を模範とし，自由で人間らしい生き方を求める文化運動で，イタリアで始まり西ヨーロッパ各地に波及した。

③ ルネサンスは，建築の分野に影響を及ぼし，それまでのロマネスク式建築に代わり，ゴシック式建築が生まれた。

④ ルネサンスは，人間理性への信頼を基本として，抑圧されていた人間感情を解放した。劇作家のシラーは『神曲』を著し，人間の理想を壮大に描いた。

⑤ ルネサンスは，学問分野に影響を及ぼし，スコラ哲学の研究が発展し，トマス＝アクィナスが『神学大全』を著した。

次の記述中の（ ア ）（ イ ）に該当する戦争の正しい組合せはどれか。

「イギリスでは，フランスとの（ ア ）に敗れた後，王位継承権をめぐる内乱が起こり，ランカスター家とヨーク家の間に以後30年間にわたる（ イ ）が戦われた。（ イ ）はほとんどすべての諸侯をまきこみ，封建勢力の没落を招く結果となった。」

	ア	イ
①	バラ戦争	三十年戦争
②	百年戦争	バラ戦争
③	三十年戦争	百年戦争
④	百年戦争	三十年戦争
⑤	三十年戦争	バラ戦争

No.7

（解答▶P.23）

次の文中の空欄A～Dに入る人名，地名等の組合せとして正しいものはどれか。

　コロンブスはフィレンツェの天文学者である　　A　　の説を信じ，1492年，スペイン女王　　B　　の援助を受けてパロス港を出帆し，2カ月あまりの航海ののち　　C　　に到着した。彼の発見した地域は，のちに　　D　　の探検によって新大陸であることが明らかになった。

	A	B	C	D
①	トスカネリ	アルメイダ	キューバ島	ジョン＝カボット
②	ケプラー	イサベル	サンサルバドル島	カブラル
③	ガリレオ	アルメイダ	ジャマイカ島	アメリゴ＝ヴェスプッチ
④	ケプラー	イサベル	キューバ島	ジョン＝カボット
⑤	トスカネリ	イサベル	サンサルバドル島	アメリゴ＝ヴェスプッチ

No.8

（解答▶P.23）

大航海時代の出来事について，正しい記述のみを年代順に並べたのはどれか。

A　ヴァスコ＝ダ＝ガマがアメリカ大陸にたどり着いた。

B　バルトロメウ＝ディアスが喜望峰にたどり着いた。

C　コルテスがインカ帝国を征服した。

D　コロンブスがインドにたどり着いた。

E　ポルトガル船が平戸に来航した。

F　マゼラン一行が世界周航を果たして帰国した。

① A→C→F

② B→F→E

③ A→C→E

④ A→B→D

⑤ B→D→F

No.9 （解答▶P.23）

大航海時代についての記述として正しいものは，次のうちどれか。

① フィレンツェのアメリゴ＝ヴェスプッチは新大陸探検を4回行い，そこがアジアではないことを証明した。

② ポルトガルのバルトロメウ＝ディアスは，トスカネリの地球球体説を信じて大西洋の横断に乗り出した。

③ ジェノヴァのコロンブスはメディチ家の支援で，大西洋～インドへ至る航路の発見に出発してアメリカを発見した。

④ スペインのヴァスコ＝ダ＝ガマはアフリカの南端を発見し，アフリカを迂回する航路の可能性を示した。

⑤ スペインのマゼランは世界周航に成功した。その際パナマ地峡を発見することで南北アメリカが陸続きであることを証明した。

No.10 （解答▶P.24）

以下の文章の空欄ア～エに入る語句の組合せとして最も適当なものは次のうちどれか。

　東インド会社とは，アジアとの貿易や植民地経営に従事するためにヨーロッパ諸国で設立された会社であり，1600年設立の（　ア　），1602年設立の（　イ　）が特に有名である。（　ア　）の東インド会社は，喜望峰からマゼラン海峡間の貿易を独占し，主にインド・中国貿易で栄えた。一方（　イ　）の東インド会社は，東南アジアでは（　ウ　）島のバタヴィアを拠点に香辛料貿易を独占し，南アフリカでは（　エ　）植民地を築いた。

	ア	イ	ウ	エ
①	イギリス	オランダ	ジャワ	スワジ
②	イギリス	オランダ	ジャワ	ケープ
③	イギリス	オランダ	スマトラ	ケープ
④	オランダ	イギリス	ジャワ	スワジ
⑤	オランダ	イギリス	スマトラ	ケープ

第4章 近代国家の形成

No.1

（解答▶P.24）

16世紀から17世紀にかけて，ヨーロッパでは絶対主義が確立されつつあったが，それに関連するこの時期の特徴として正しいものは，次のうちどれか。

① 法王庁の権力が増大した。

② 王権が強大となった。

③ 奴隷解放運動が起こった。

④ 貴族階級が勃興した。

⑤ 騎士の地位が確立した。

No.2

（解答▶P.24）

絶対主義時代の国王（皇帝），国名，関連事項の組合せとして正しいものは，次のうちどれか。

	国王（皇帝）	国名	関連事項
①	マリア＝テレジア	スペイン	スペイン継承戦争
②	フェリペ2世	ロシア	レパントの海戦
③	エリザベス1世	イギリス	ユトレヒト条約
④	グスタフ＝アドルフ	スウェーデン	七年戦争
⑤	フリードリヒ2世	プロイセン	啓蒙専制君主

No.3

（解答▶P.24）

以下の文章の空欄A～Dに入る語句の組合せとして最も適当なものは次のうちどれか。

1556年，父から王位を継承した（　A　）は，1571年に（　B　）の海戦でトルコを破り，1580年にポルトガルを併合するなど，スペインの絶対王政全盛期を創出した。しかし，熱心なカトリック教徒であったために（　C　）独立戦争をまねき，また1588年には無敵艦隊が（　D　）に敗れるなどしたことから，国力は徐々に衰退していった。

	A	B	C	D
①	フェリペ2世	レパント	オランダ	イギリス
②	カルロス1世	アルマダ	ドイツ	フランス
③	カルロス1世	レパント	ドイツ	イギリス
④	フェリペ2世	アルマダ	ドイツ	フランス
⑤	フェリペ2世	アルマダ	オランダ	イギリス

絶対主義時代に関する記述として正しいものは，次のうちどれか。

① イギリスのエリザベス１世は，統一法によって国教会の体制を確立した。

② オーストリアのマリア＝テレジアは，フリードリヒ２世の即位に反対してプロイセンと戦った。

③ ヨーゼフ２世，エカチェリーナ２世，ルイ15世などは啓蒙絶対君主の代表とされる。

④ フランスの財務総監コルベールは，重農主義政策を推進した。

⑤ スペインのフェリペ２世の派遣した無敵艦隊は，フランス海軍に敗れた。

16 〜 17 世紀，宗教改革後のヨーロッパ諸国では，新教徒とカトリック教徒との対立が激しくなり，それに政治上の利害関係が絡み複雑な様相を呈した。このような状況下で起こった宗教戦争を挙げたものとして妥当なのはどれか。

① ユグノー戦争と七年戦争

② ユグノー戦争と三十年戦争

③ バラ戦争と百年戦争

④ 三十年戦争とバラ戦争

⑤ 七年戦争と北方戦争

下の３つの歴史上重要な事柄を時代順に並べたものは，次のうちどれか。

イギリス「権利章典」———A

アメリカ「独立宣言」———B

フランス「人権宣言」———C

① A→B→C

② A→C→B

③ B→A→C

④ B→C→A

⑤ C→A→B

No.7

（解答 ▶ P.25）

17世紀，イギリスの清教徒革命を指揮し，王政を廃止し共和政を宣言したのは，次のうちの誰か。

① タウンゼンド

② ミラボー

③ ルター

④ クロムウェル

⑤ カルヴァン

No.8

（解答 ▶ P.25）

ピューリタン革命と名誉革命によって処刑・退位させられた国王の組合せとして，適当なものはどれか。

① エリザベス1世とチャールズ2世

② ヘンリ8世とウィリアム3世

③ クロムウェルとウィリアム3世

④ チャールズ1世とジェームズ2世

⑤ チャールズ1世とチャールズ2世

No.9

（解答 ▶ P.25）

17世紀のイギリスで起こった出来事を年代順に並べ替えたものとして，正しいものはどれか。

A 権利の請願

B 王政復古

C ピューリタン（清教徒）革命

D 権利の章典

E クロムウェル護国卿就任

① B→A→C→D→E

② D→A→C→B→E

③ A→C→B→D→E

④ A→C→E→B→D

⑤ D→C→E→B→A

アメリカの独立に関する記述として，妥当なのはどれか。

① アメリカの植民地代表はフィラデルフィアで大陸会議を開き，イギリス本国に対抗することを決定した。その後，カリフォルニアでいわゆるアメリカ独立戦争が勃発した。

② 1776年の大陸会議ではワシントンが起草した独立宣言を発表し，アメリカ合衆国と名乗ることになった。この宣言はフランス革命の影響を受けた内容となっている。

③ アメリカ西部の割譲をイギリスに約束させたフランスとロシアは，イギリス軍を支援するため，アメリカ独立戦争に参戦した。

④ イギリス軍はヨークタウンで大敗を喫し，アメリカ独立戦争は終結した。その後，ジュネーヴ条約が結ばれ，イギリスはアメリカの独立を承認することになった。

⑤ フィラデルフィアで開かれた憲法制定会議において，合衆国憲法が制定され，その後，初代大統領にはワシントンが就任した。

アメリカ合衆国の独立に関する記述として，正しいものは次のうちどれか。

① イギリス本国が印紙法により課税を強化したのに対し，植民地側は反対運動を展開した。しかしイギリスは印紙法を撤回しなかった。

② 東インド会社の経営難を救うために，イギリス本国が茶法を制定したのに対し，植民地の住民はボストン茶会事件を起こした。

③ アメリカ独立宣言はトマス＝ペインにより起草され，国民の平等権・自由権・主権在民などの基本的人権を示した。

④ フランスとスペインは，独立戦争に対して国としては中立を守ったが，多くの人々が義勇兵として独立戦争に参加した。

⑤ イギリスはレキシントンの戦いで植民地側に敗れ，パリ条約においてアメリカ合衆国の独立を認めた。

No.12
（解答 ▶ P.26）

次の記述は，アメリカ南北戦争の背景を述べたものであるが，誤っているのはどれか。

① 北部は州権制を主張する民主党支持者が多く，南部は連邦制を主張する共和党支持者が多い。

② 北部は自由労働力を必要とし，南部は黒人奴隷による安価な労働力を必要とした。

③ 北部は奴隷解放を主張したが，南部は奴隷制存続を主張した。

④ 商工業中心の北部に対し，南部は大規模農場・綿花栽培が経済を支えていた。

⑤ 北部は工業が中心であり，ヨーロッパに対抗するため，保護貿易を指向したが，大規模農業を中心とする南部は自由貿易政策を支持した。

No.13
（解答 ▶ P.26）

アメリカの南北戦争に関する以下の記述のうち，正しいものはどれか。

① 南部は，奴隷制の存続と保護貿易を強く要求した。

② 1854年にカンザス・ネブラスカ法が成立し，南北の対立が激化した。

③ 奴隷制存続を唱えて，ホイッグ党を中心に共和党が結成された。

④ 南部地盤の大統領が当選したことで，北部諸州はアメリカ連合国を作った。

⑤ 戦局は当初，グラント将軍に率いられた南軍が有利だったが，最終的には北軍が勝利を収めた。

以下はフランス革命が起こるまでの流れを表したものである。空欄A～Dに入る語句の組合せとして適当なものは，次のうちどれか。

国王（　A　），特権身分への課税を試みる→失敗，（　B　）の招集を国王に要求
　↓
（　B　）開催→議決方法をめぐり対立
　↓
第三身分，（　C　）設立宣言：球戯場（テニスコート）の誓い←国王：武力による弾圧
　↓
7月14日，（　D　）襲撃：フランス革命勃発
　↓
8月26日，フランス人権宣言採択

	A	B	C	D
①	ルイ14世	三部会	国民議会	バスティーユ牢獄
②	ルイ16世	三部会	国民議会	ヴェルサイユ宮殿
③	ルイ14世	国民議会	三部会	ヴェルサイユ宮殿
④	ルイ16世	三部会	国民議会	バスティーユ牢獄
⑤	ルイ14世	国民議会	三部会	バスティーユ牢獄

フランス革命に関する記述として妥当なのはどれか。

① 革命に先立って招集された身分制議会は，貴族・商工業者・無産市民によって構成されたので三部会と呼ばれた。

② 革命が発生するとまもなく，立法議会によって人権宣言が採択された。

③ 革命の混乱を収めるために制定された1791年の憲法は「ジャコバン憲法」とも呼ばれ，共和政の色が濃い急進的なものだった。

④ 革命の進展により共和政の徹底を求める派閥が権力を握ると，反対派の蜂起や諸外国の干渉が頻繁に起こったので，恐怖政治が行われた。

⑤ 行き過ぎた恐怖政治を押さえるため，ナポレオンはテルミドールのクーデターで政権を握り，国民の不安を和らげた。

No.16
(解答 ▶ P.27)

フランス革命に直接関連すると思われる記述として正しいものは，次のうちどれか。

① 国王の議会無視の姿勢に対して議会は，議会の同意なしに課税しないことなどを明記した文書を採択した。

② 財政難に苦しんだ国王が重税を課したため貴族たちが反抗し，自分たちの封建的特権を守ろうとして文書を作成して，国王に署名させた。

③ 大聖堂建立の資金を集めるためにローマ教会が贖宥状を発行したのに対し，批判する勢力が現れた。

④ 市民の一隊は1789年，政治犯の収容所となっていた牢獄を襲い，政治犯を解放した。

⑤ 1776年，国民の代表がフィラデルフィアに集まり，人権宣言を発表した。

No.17
(解答 ▶ P.27)

フランス革命に関する事項の組合せとして，正しいものは次のうちどれか。

① 第1回対仏大同盟によってヨーロッパ諸国から孤立したフランスは，ミラボーを中心に対抗措置を講じた。

② 国民議会解散後に成立した立法議会によって，人権宣言が採択された。

③ 三部会の第三身分の議員たちによって起こされたテルミドールの反動によって，ジャコバン派は勢力を失った。

④ 1791年憲法によって，共和政が規定された。

⑤ ロベスピエールらに率いられたジャコバン派は，恐怖政治と呼ばれる強力政治を推し進めた。

No.18
(解答 ▶ P.27)

ナポレオンに関する記述として，正しいものは次のうちどれか。

① ブリュメール18日のクーデターによって総裁政府を成立させ，自ら第一総裁となって政権を握った。

② 大陸封鎖令を発布して，支配下の諸国がロシアと通商することを禁止した。

③ 「ナポレオン法典」と呼ばれる刑法典を制定した。

④ セントヘレナ島を脱出後，ワーテルローの戦いで対仏大同盟軍を破った。

⑤ エルバ島に流されたあと，フランスではルイ18世が王位に就き，ブルボン朝が復活した。

ナポレオン没落後の秩序再建のため1814年9月からウィーン会議が始まった。この会議はオーストリア外相メッテルニヒが議長となり運営された。しかし，各国の利害が対立してなかなか進行せず「会議は踊る，されど進まず」の名文句を残した。1815年3月，ナポレオンがエルバ島を脱出し，再び帝位についたため，ブルボン朝復活，ドイツ連邦創設，永世中立国スイスの承認などを内容として，「ウィーン議定書」が調印された。

この会議でフランスのタレーランが提唱した，ウィーン会議の基本原則は，次の中のどれか。

① 自由主義

② 民族主義

③ 正統主義

④ 保守・反動主義

⑤ 社会主義

帝政ロシアに関する記述として妥当なのはどれか。

① オスマン帝国とのクリミア戦争が始まると，英仏がトルコと同盟してロシアを牽制したため苦境に立った。

② ポーランドの領土を，オーストリア，リトアニアとともに分割した。

③ 啓蒙専制君主として知られるニコライ1世は農奴解放令を出すが，農民反乱が後を絶たなかったため次第に反動化した。

④ 清との国境を画定するため，ブレストリトフスク条約，キャフタ条約，イリ条約などを結んだ。

⑤ シベリアから満州の権益を獲得するため，三国協商を結んで日本と対立した。

イギリスで産業革命が起こった原因として，最も適当でないものは次のうちどれか。

① 工場制機械工業（マニュファクチュア）が発達していて，資本が蓄積されていた。

② オランダやフランスを破って世界の海上権を握り，広大な海外市場を有していた。

③ 18世紀に起こった農業革命によって，安価な労働力が発生した。

④ 石炭や鉄などの豊富な資源があった。

⑤ 17世紀以降，自然科学と技術の進歩がめざましかった。

No.22

（解答 ▶ P.28）

欧米各国の産業革命に関する記述として正しいのはどれか。

① アメリカ合衆国の産業革命は，イギリスから独立した直後に，黒人奴隷を工場で使役することによって始まった。

② フランスの産業革命は，ナポレオン1世が設立した国立作業場を中心にして始まった。

③ ドイツの産業革命は，フリードリヒ2世がフランスからアルザス・ロレーヌ地方を獲得した後に始まった。

④ イギリスの産業革命は，鉄，石炭などの資源，資本，労働力の豊富さ，植民地戦争の勝利などによって，他国にさきがけて始まった。

⑤ ロシアの産業革命は，農奴解放令で解放された農奴の多くが，都市で産業資本家層に成長する過程で始まった。

No.23

（解答 ▶ P.28）

17～18世紀の植民地と宗主国の組合せとして，最も適当ではないものは次のうちどれか。

	植民地（現国名）	宗主国
①	ペルー	スペイン
②	アメリカ東部	イギリス
③	インドネシア	オランダ
④	ブラジル	スペイン
⑤	イスラエル	フランス

No.24

（解答 ▶ P.28）

以下は18～19世紀に起こった戦争である。この中で，イギリスに最も関わりがないものはどれか。

① スペイン継承戦争

② 七年戦争

③ マイソール戦争

④ ワーテルローの戦い

⑤ 普仏戦争

(解答 ▶ P.28)

18 ～ 19 世紀前半のイギリスについて正しいものは，次のうちどれか。

① 労働組合法が制定され，組合運動に合法性が与えられた。

② 教育法を制定し，義務教育制が課せられた。

③ 機械を大規模に導入したいわゆる「マニュファクチュア」が広まった。

④ 第二次囲い込み運動を阻止するため，議会がそれを禁止する法律を制定した。

⑤ マンチェスターやリヴァプールなどの新興都市が発展した。

 (解答 ▶ P.28)

19 世紀後半のイギリスは，グラッドストン率いる自由党と，ディズレーリの率いる保守党の二大政党によって交互に政権が移動したが，両党の政策の組合せとして誤っているのはどれか。

① 自由党は保護関税を主張し，保守党は自由貿易を主張した。

② 自由党は個人の自由尊重を打ち出し，保守党は国家の団結を強調した。

③ 自由党は特権排除を主張し，保守党は伝統的制度の存続を主張した。

④ 自由党は平和主義外交を骨子とし，保守党は帝国主義外交を主張した。

⑤ 自由党はリベラルな政策を，保守党は保守的政策を標榜した。

 (解答 ▶ P.28)

19 世紀のイギリスについての記述として妥当なのはどれか。

① 保守党と労働党の二大政党制が確立した。

② インド帝国が成立し，大英帝国の象徴であるエリザベス女王がインド皇帝を兼任した。

③ 数回の選挙法改正を経て選挙権は拡大したが，婦人参政権実現には至らなかった。

④ 産業革命の進展に伴い，ラダイト運動と呼ばれる工場の機械化推進運動が各地で発生した。

⑤ 北部アイルランドを併合したため，併合に反対するカトリック系アイルランド人が武装闘争を開始し，抗争が泥沼化した。

No.28 （解答 ▶ P.29）

19 世紀中頃のヨーロッパに関する以下の記述のうち，正しいものはどれか。

① イタリアでは，青年イタリアによる統一運動と，サルデーニャ王国を中心とする統一運動が行われた。

② ドイツでは，プロイセン中心の統一に反対する勢力が，北ドイツ連邦を結成した。

③ ロシアでは，デカブリストが農民の共同体を基礎にして，社会主義を実現しようとした。

④ イギリスでは，労働党内閣が組織され，労働組合法が制定された。

⑤ フランスでは，ルイ＝ナポレオンが皇帝になり，ナポレオン法典を制定した。

No.29 （解答 ▶ P.29）

アヘン戦争に関する事項の組合せとして，正しいものは次のうちどれか。

① 唯一の貿易港 ————— 上海

② 公行 ————————— 特許商人

③ アヘンの密貿易 ——— 銅銭の流出

④ アヘンの没収，廃棄 ——— 洪秀全

⑤ 南京条約 —————— 7 港の開港

No.30 （解答 ▶ P.29）

1840 〜 42 年，イギリスと清の間で起こったアヘン戦争の講和条約とその内容に関する記述として，妥当なものは次のうちどれか。

① 南京条約 —— 清はイギリスに香港を割譲し，5 港を開港した。

② 北京条約 —— キリスト教の布教が容認され，清はイギリスに九竜半島の南部を割譲した。

③ 南京条約 —— 清はイギリスにアヘン貿易を公認し，ロシアに沿海州を割譲した。

④ 北京条約 —— 清はイギリスに対して威海衛の租借を認め，ロシアに対しては黒竜以北の全地域を割譲した。

⑤ 南京条約 —— 清はイギリス外交官の北京駐在と揚子江の航行権を認めた。

次の記述のうち，正しいのはどれか。

① 絶対主義を確立し，ヴェルサイユ宮殿を建造したルイ14世は，フランス革命で処刑された。

② ナポレオンは，ネルソン率いるスペインの無敵艦隊に敗れ，セントヘレナ島に流された。

③ 18世紀のイギリスでは，スティーブンソンによって蒸気機関車が，エジソンによって電灯が発明された。

④ アヘン戦争に敗れた清は，南京条約でイギリスに対し香港の割譲を認めた。

⑤ フランス革命の成功は諸国に大きな影響を及ぼし，イギリスのピューリタン革命，アメリカ独立戦争のきっかけになった。

第5章 東洋史

No.1

(解答 ▶ P.30)

以下の古代中国王朝に関する記述のうち，誤っているものはどれか。

① 殷の時代，王は祭政一致の神権政治を行った。

② 周で施行されていた統治体制は，封建制度である。

③ 春秋戦国時代，諸子百家と呼ばれる思想家が生まれた。

④ 秦の始皇帝は，万里の長城を修築した。

⑤ 前漢は，呉楚七国の乱を契機として滅んだ。

No.2

(解答 ▶ P.30)

中国の春秋時代（BC770 ～ BC403 年）に活躍した代表的な有力諸侯に「春秋の五覇」がいるが，これに当てはまるとは考えられないのはどれか。

① 斉の桓公

② 晋の文公

③ 楚の荘王

④ 秦の孝公

⑤ 呉の夫差

No.3

(解答 ▶ P.30)

秦に関する記述として正しいものは，次のうちどれか。

① 匈奴を撃退し，万里の長城を完成して，その侵入を防いだ。

② 外敵の侵入に備えるため，地方都市に城壁を造った。

③ 言論・思想統制を行ったが，占いや儒者の意見もとり入れた。

④ 都を洛陽に移し，国都の繁栄を図るとともに地方の弱体化を進めた。

⑤ 統一以前から自国領土で行っていた郡県制を廃止した。

次のA～Cは，中国の周，秦，漢のいずれかの王朝に関する記述であるが，古いものから順に並べたものとして最も妥当なのはどれか。

A　初め都に近い地域にだけ郡県制をしき，遠隔地には一族や功臣を諸侯として分封したが，次第に諸侯の権力を削り中央集権を強化した。また，儒学を官学として定め，さらに歴史書では後の規範となった『史記』が編纂された。

B　血縁的氏族制的な関係を基準として，王の一族を中心に東方の要地に諸侯を封じ，王を中心に卿，大夫らが氏族的にまとまって支配階層を形造っていた。

C　全領域に郡県制をしいて中央から官吏を派遣し，度量衡や文字を統一して言論の統制を図るなど，法治主義に基づく中央集権化政策を採った。

①　A→B→C

②　A→C→B

③　B→A→C

④　B→C→A

⑤　C→A→B

以下のA～Eは，隋もしくは唐について書かれたものである。このうち唐のものの組合せとして最も適当なものは，次のうちどれか。

A　華北と江南を結ぶ大運河を開いた。

B　高句麗遠征の失敗が滅亡の原因となった。

C　周辺異民族に備えて節度使が設置された。

D　府兵制に代わって募兵制が実施された。

E　両税法が採用された。

①　A，B

②　A，C，D

③　A，D

④　B，E

⑤　C，D，E

No.6

（解答 ▶ P.30）

唐の政策について述べた文として，正しいものはどれか。

① 鄭和に命じて大規模な南海遠征を行い，一時的に南海貿易の活発化をもたらした。

② 府兵制が崩壊していくのに対応して，衛所制を施行した。

③ 周辺異民族から防備のために募兵集団を置き，その指揮官を節度使とした。

④ 儒教教典の解釈を統一するために，『五経大全』を編纂した。

⑤ 租庸調制度が機能しなくなったため，新たに均輸法によって税を徴収するようになった。

No.7

（解答 ▶ P.30）

中国の諸王朝について述べられたA〜Cと，該当する王朝名の組合せとして妥当なものは，次のうちどれか。

A 劉邦（高祖）が建国。都は長安。当初郡国制を実施したが，7代皇帝である武帝時代に全盛期を迎え，事実上中央集権化が成立した。

B 李淵（高祖）が建国。都は長安。律令制・均田制・租庸調制・府兵制を確立し，東アジアの中心として国際的・貴族的文化が成熟した。

C 趙匡胤から9代皇帝欽宗までの王朝。都は開封。文治主義を採用して官僚制を整備したが，靖康の変で滅亡した。

	A	B	C
①	前漢	隋	南宋
②	前漢	唐	北宋
③	後漢	隋	南宋
④	後漢	唐	北宋
⑤	後漢	唐	南宋

No.8

（解答 ▶ P.30）

元に関する記述として，正しいものは次のうちどれか。

① チンギス＝ハンは大都に都を定め，国名を中国風に元と称した。

② 南宋の支配下にあった者を南人とよび被支配階級として冷遇した。

③ 色目人が主要官職を独占する。色目人第一主義を採った。

④ イギリス商人であるマルコ＝ポーロが元朝を訪れた。

⑤ イスラム教を過度に尊崇したことが，財政困難の一因となった。

次のうち，元寇と同時代の出来事として正しいものは，次のうちどれか。

① マルコ＝ポーロが中国を訪れた。

② ローマ皇帝の使者と名乗る者が中国を訪れた。

③ タラス河畔の戦いによって，イスラム世界に製紙法が伝わった。

④ マゼラン一行が初の世界周航に成功した。

⑤ ポルトガル船によって，日本に鉄砲が伝えられた。

文中の空欄A～Dに入る語句の組合せとして，正しいものは次のうちどれか。

建文帝に反抗し ____A____ で帝位を奪った ____B____ 帝は，都を ____C____ に移し，宦官の ____D____ に命じて南海遠征を行わせた。

	A	B	C	D
①	靖康の変	洪武	南京	鄭和
②	靖難の役	永楽	北京	鄭和
③	靖康の変	洪武	北京	張騫
④	靖難の役	洪武	南京	鄭和
⑤	靖康の変	永楽	南京	張騫

次のうち，中国の明代の出来事ではないものはどれか。

① 府兵制の実施

② 賦役黄冊の作成

③ 六諭の発布

④ 南海遠征の実施

⑤ 一条鞭法の施行

No.12

（解答▶P.31）

中国皇帝に関する記述として妥当なのはどれか。

① 明の永楽帝は，靖康の変で政権を握り，後に北京に遷都して紫禁城を築いた。

② 清の康煕帝は李自成の乱を押さえて政情を安定させ，台湾を征服してさらに国威を向上させた。

③ 乾隆帝はジュンガル部やチベットを征服して帝国領土を最大に広げる一方，四庫全書を完成させるなどの大事業も成し遂げた。

④ 光緒帝は康有為らの官僚を指揮して保守的政策を推進するが，西太后を中心とする革新運動支持者に妨害されて失脚した。

⑤ 宣統帝は幼少の皇帝として即位するが，辛亥革命の勃発で退位させられ，革命の進行に伴い処刑された。

No.13

（解答▶P.31）

18世紀イギリスの対清貿易は，銀決裁による輸入を主とする片貿易で，輸入超過に苦しんでいた。しかも貿易は広州一港に限られ「公行」という独占業者によって仕切られていた。イギリスは銀をとり戻すため，インド産のアヘンを清に密輸出し，銀決裁にとって代わらせることに成功した。清が林則徐を派遣し，アヘンを没収焼却したことから1840年アヘン戦争が勃発した。その結果，清は敗北し，南京条約によって，「香港の割譲」「5港の開港」「公行の廃止」を決定した。

ここにいう5港でない港は次のうちどれか。

① 天津　　　② 厦門　　　③ 福州　　　④ 寧波　　　⑤ 上海

No.14

（解答▶P.31）

清末の改革に関する記述として正しいものは，次のうちどれか。

① 洋務運動で官営の軍事工場が設立され，近代技術が採用された。

② 康有為らは西太后と結んで，変法運動を起こした。

③ 清朝は，太平天国の力を利用して1900年，列強に宣戦布告した。

④ 孫文は1905年に亡命先のハワイで，中国同盟会を結成した。

⑤ 清朝は，日清戦争に敗れた年に科挙を廃止し，さらに3年後に憲法大綱を発布した。

以下は 19 〜 20 世紀前半の中国に関する記述である。（　　　）内に入る最も適当な語句の組合せとして，正しいものはどれか。

　1851 年，（　A　）が中心となって起こした太平天国の乱は，清朝や軍隊の無力ぶりを明らかにした。1894 年に起こった（　B　）に清が敗れると，欧米諸国は競って清における自国勢力の拡大に乗り出した。その先頭に立っていた（　C　）は，日本の遼東半島獲得に対してフランス・ドイツを誘って干渉し，清に返還させた。これを三国干渉という。

	A	B	C
①	洪秀全	日清戦争	ロシア
②	李鴻章	アロー戦争	イギリス
③	李鴻章	日清戦争	ロシア
④	洪秀全	アロー戦争	イギリス
⑤	李鴻章	日清戦争	イギリス

中華民国の建国に関する記述として正しいのはどれか。

① 中国国民党の指導者である袁世凱が，日本の二十一カ条要求を拒否して建国した。

② 革命勢力の結集に努めた孫文が，辛亥革命で清を倒して建国した。

③ 日本の関東軍が，中国東北部を占領し，清朝最後の皇帝であった溥儀を皇帝にして建国した。

④ 毛沢東が三民主義を唱え，労働者と農民の同盟による国家を建設した。

⑤ 国民革命軍の総司令であった蔣介石が，国共合作を成し遂げて建国した。

第一次世界大戦〜第二次世界大戦の中国に関する記述として妥当なものは，次のうちどれか。

① 第一次世界大戦中，袁世凱政府は日本から突きつけられた二十一カ条の要求を拒否し続け，受け入れることはなかった。

② パリ講和会議で中国の主張が認められなかったことから，民衆は条約拒否，排日を求めて三・一運動を起こした。

③ 孫文の死後，国民政府軍は蔣介石の指揮の下に北伐を開始し，南京と上海を占領した。

④ 中国共産党は江西省の瑞金に中華ソヴィエト共和国臨時政府を成立させ，主席には周恩来が就いた。

⑤ 満州事変が起こった後，共産党側は抗日民族統一戦線の結成を呼びかけたが，蔣介石がこれを拒絶したため抗日民族統一戦線は最後まで実現しなかった。

No.18 (解答▶P.32)

古代インド文明の記述について誤っているのはどれか。

① ガンジス川流域に栄えた。

② モヘンジョ＝ダロとハラッパーの遺跡が有名である。

③ 青銅器が使用された。

④ 小麦等を栽培し，水牛や羊を飼育した。

⑤ 文字を使用した。

No.19 (解答▶P.32)

次のうち，インドに成立した王朝として最も妥当なものはどれか。

① ヴァルダナ朝　　　② ウマイヤ朝　　　③ アッバース朝

④ ブワイフ朝　　　⑤ セルジューク朝

No.20 (解答▶P.32)

アッバース朝（イスラム帝国）に関する記述として，妥当なのはどれか。

① 征服地の住民を強制的にイスラム教へ改宗させただけでなく，所有していた土地を没収した。

② プレヴェザの海戦でスペイン・ヴェネツィア・ローマ教皇の連合艦隊を破って地中海の制海権を握り，ヨーロッパに大きな影響力を持った。

③ バグダードに都を建設して中央集権体制を確立し，イスラム教徒はアラブ人・非アラブ人の別なく人頭税が免除され，官吏に登用された。

④ ペルシア文化を盛んに取り入れ，アッラー（唯一神）を描いた彫刻や絵画が発達し，シルクロードを経由して，イスラム世界が拡大した。

⑤ イスラム教徒は，羅針盤，火薬，製紙法などを発明し，ヨーロッパや中国に伝えるなど学問や文化の交流と発展を促した。

No.21 (解答▶P.32)

以下の説明に当てはまるイスラム国家として，正しいものはどれか。

・13世紀末，小アジアの西北部に興った。

・スレイマン1世のときが最盛期。西アジア，北アフリカ，東欧を支配して，ウィーン包囲を行い，西欧諸国に大きな衝撃を与えた。

・17世紀末に衰え始め，19世紀には東方問題が起こった。

① セルジューク朝　　　② オスマン帝国　　　③ ムガル帝国

④ ビザンツ帝国　　　⑤ ティムール帝国

No.22 (解答 ▶ P.32)

14 世紀にイスラム教徒が建てた国はどれか。

① アケメネス朝

② セルジューク朝

③ サラセン帝国

④ ムガル帝国

⑤ ティムール帝国

No.23 (解答 ▶ P.32)

文中の空欄A～Dに入る語句の組合せとして，正しいものはどれか。

　1526 年，ティムールから数えて5代目にあたる　　A　　は，デリーを都として　　B　　帝国を建設した。その孫　　C　　は領土を拡大し，イスラム・　　D　　両教徒の融和をはかり，人頭税を廃止した。

	A	B	C	D
①	バーブル	ムガル	アクバル	ヒンドゥー
②	バーブル	オスマン	アクバル	キリスト
③	マフムード	ムガル	スレイマン	ヒンドゥー
④	マフムード	ムガル	アクバル	キリスト
⑤	マフムード	オスマン	スレイマン	ヒンドゥー

No.24 (解答 ▶ P.32)

オスマン帝国の歴史に関する記述として妥当なのはどれか。

① スルタンのバヤジット1世はアンカラの戦いでティムールを破り，帝国繁栄の基礎を築いた。

② メフメト2世はコンスタンティノープルを占領し，ビザンツ帝国を滅ぼした。

③ セリム1世はセルジューク朝を滅ぼし，アラブ世界を完全に支配下に置いた。

④ スレイマン1世はレパントの海戦で西欧連合軍を破り，地中海の制海権を握った。

⑤ 傭兵司令官のムハンマド・アリーは，エジプトから英仏軍を駆逐した余勢を駆ってオスマン帝国に反旗を翻し，同地の支配権を手に入れた。

第6章 現代の社会

No.1

（解答 ▶ P.33）

20世紀初頭の国際関係に関する記述として，最も妥当なのはどれか。

① ロシアは，イタリアやドイツとの関係を強化して日本に対し三国干渉を行い，日露戦争で日本に割譲されたカムチャッカ半島の返還を認めさせた。

② 日本は日露戦争での勝利後，ロシアとの関係が再び悪化し，さらなる戦争を回避するためイギリスとの間で下関において日英同盟を結んだ。

③ イタリアはドイツ，ロシアと共に三国同盟を結成し，イギリス，フランス，アメリカ合衆国からなる三国協商と対立したため，第一次世界大戦ではこれらの国に対して宣戦布告した。

④ ドイツは，バルカン半島から中東地域への進出を目指して3B政策を推進したが，インドやエジプトを支配するイギリスの3C政策と対立し，両国関係は緊張した。

⑤ フランスは，北アフリカにおける植民地・勢力圏獲得競争の末，イギリスとの関係が悪化したためドイツに接近したが，第一次世界大戦では中立を維持した。

No.2

（解答 ▶ P.33）

A～Eの出来事を年代順に並べたものとして，正しいものは次のうちどれか。

A キューバの独立を援助するという名目で，米西戦争が開始された。

B ロシアと対抗するため，日英同盟が締結された。

C 日露戦争を契機として，血の日曜日事件が起こった。

D 英露協商の締結によって，三国協商が成立した。

E ボスニアのサライェヴォで，オーストリア皇太子夫妻が暗殺された。

① A→B→C→D→E

② A→C→D→E→B

③ A→E→C→D→B

④ C→A→E→D→B

⑤ C→D→A→B→E

以下の第一次世界大戦に関する記述のうち，正しいものはどれか。

① 戦争が始まった直接の原因は，イギリスの皇太子がドイツ人に暗殺されたことである。

② ドイツ・オーストリアなどを連合（協商）国側，フランス・ロシア・イギリスなどを同盟国側という。

③ アメリカは，同盟国側に立って開戦当初から参戦した。

④ オーストリア・ハンガリー帝国は国内で革命が起こったため，ブレスト＝リトフスク条約を結んで戦争から離脱した。

⑤ パリ講和会議で結ばれた対ドイツの講和条約を，ヴェルサイユ条約という。

ロシア革命についての記述で，誤っているものはどれか。

① ロシア革命とは，1917 年の三月革命（ロシア暦では二月革命）と十一月革命（ロシア暦では十月革命）をさしている。

② 三月革命，十一月革命ともにレーニンが指導した。

③ ボリシェヴィキ政府は一党独裁政治を樹立した。

④ ケレンスキーが臨時政府首班となり，ボリシェヴィキを弾圧した。

⑤ 三月革命でニコライ 2 世は退位，十一月革命でレーニンが人民委員会議長となりソビエト政府が成立した。

No.5

(解答 ▶ P.33)

第一次世界大戦後の国際秩序をヴェルサイユ体制というが，この体制下における各国の情勢に関する記述として妥当なのはどれか。

① アメリカ大統領ウィルソンの提唱で世界の恒久平和を目指す国際連盟が発足したが，アメリカ合衆国は議会の反対で参加せず，またソ連とドイツは当初加盟を認められなかった。

② ドイツでは，大戦後皇帝が退位し，ワイマール憲法が廃止されてドイツ共和国が成立したが，初めての総選挙でヒトラーの指導するナチスが政権を獲得し，一党独裁体制を確立した。

③ オーストリア＝ハンガリー帝国が戦勝国によって解体された後，独立したポーランド，セルビア，クロアチア等の民族の間で抗争が頻発し，バルカン半島は「ヨーロッパの火薬庫」と呼ばれた。

④ 朝鮮では，パリ講和会議で日本の二十一カ条要求が認められたことに抗議する学生・商工業者らの運動が広がったが，この五・四運動は弾圧され，日本への併合が強行された。

⑤ 日本は第一次世界大戦中，インドシナ半島に進駐してドイツの勢力を一掃した後，石油やゴムなどの重要資源の確保をねらって占領を続け，戦後国際連盟から委任統治を認められた。

No.6

(解答 ▶ P.33)

第二次世界大戦中〜大戦後の世界情勢に関する以下の記述のうち，正しいものはどれか。

① アメリカは第一次世界大戦時とはちがって，第二次世界大戦では戦争の本格化とともに，連合国側の主軸として参戦した。

② 国連の安全保障理事会では，当初アメリカ，イギリス，フランス，インド，ソ連の5カ国が常任理事国になった。

③ ヨーロッパ各国は，アメリカからの援助の受け入れのために，イギリスを中心に欧州共同体（EC）を結成した。

④ 第二次大戦直後から，ドイツは，フランスとソ連の2国によって分割統治された。

⑤ 社会主義勢力はヨーロッパ諸国の中では，北はフィンランド，南はギリシア，トルコにまで拡大した。

第二次世界大戦後に起こった世界史上の出来事と，それに関係の深い国の組合せとして適当なものは，次のうちどれか。

① スエズ運河国有化宣言 ——— ブラジル
② プロレタリア文化大革命 ——— インド
③ 平和五原則発表 ————— カナダ
④ 北ヴェトナム爆撃 ————— アメリカ
⑤ 天安門事件 ————— 大韓民国

第二次世界大戦後の国際社会の変化を説明した次の記述のうち，正しいのはどれか。

① 日本と戦争をしたすべての国は，1951 年，日本との平和条約を締結した。
② 世界はアメリカとイギリスが指導するようになった。
③ 戦争が悲惨であることを各国が痛感し，憲法で日本と同じレベルの平和主義をうたう国が多くなった。
④ アジアやアフリカの諸国はＡＡ諸国として固まり，世界の第三勢力となった。
⑤ 植民地を持っていた各国は，進んでその国々の独立を図った。

以下の東西冷戦期に起こったＡ～Ｅの出来事を，年代順に並べ替えたものとして適当なものは，次のうちどれか。

A ベルリン封鎖
B トルーマン＝ドクトリンの発表
C キューバ危機発生
D ベトナム戦争勃発
E 朝鮮戦争勃発

① Ａ→Ｂ→Ｃ→Ｅ→Ｄ
② Ａ→Ｅ→Ｂ→Ｄ→Ｃ
③ Ｂ→Ａ→Ｅ→Ｃ→Ｄ
④ Ｂ→Ｅ→Ｃ→Ａ→Ｄ
⑤ Ｅ→Ｂ→Ａ→Ｄ→Ｃ

No.10

（解答 ▸ P.34）

第二次世界大戦後の国際政治の展開に関する次の記述のうち，妥当なものはどれか。

① アメリカは，ソ連の影響力の増大に対抗して，ギリシア・トルコに対する経済援助を内容とするマーシャル・プランを提案した。

② 「プラハの春」とは，1968年にハンガリーで起こった自主管理労組「連帯」を中心とする反ソ運動のことであるが，これに対しソ連は軍事介入を加え，運動をつぶした。

③ 1973年の第一次石油危機を招いた第四次中東戦争は，イスラエルの建国を直接のきっかけとして起こった。

④ 南アフリカ共和国で長年の間行われていたアパルトヘイト（人種隔離政策）は，国際世論の大きな非難を浴び続け，1994年に就任したマンデラ大統領によって廃止された。

⑤ 1989年12月にブッシュ・ゴルバチョフのマルタ会談において冷戦の終結が宣言された。1989年11月にはベルリンの壁が崩壊しており，翌年東西ドイツの統一が実現された。

No.11

（解答 ▸ P.34）

太平洋戦争後の朝鮮半島に関する記述で妥当なのはどれか。

① 北緯38度線をさかいに朝鮮半島の南部はアメリカが，北部はソ連が分割占領した。

② 1948年，朝鮮半島南部に朴正熙を大統領とする大韓民国が，北部には金日成を首相とする朝鮮民主主義人民共和国が成立した。

③ 1948年に朝鮮半島に発足した2つの国は，いずれも同年の国連総会にて加盟が承認された。

④ 1950年に朝鮮戦争が始まると，日本では特需景気が起こり，経済復興を背景に一定の軍事力保持を容認された自衛隊が発足した。

⑤ 1965年には日本と軍政下の大韓民国との間に基本条約が結ばれたが，日本と北朝鮮との基本条約締結は中国との国交樹立まで実現できなかった。

第二次世界大戦後の東南アジア・中近東諸国に関する記述のうち，妥当なものは次のうちどれか。

① フランス領インドシナは，共産系のバオ＝ダイがベトナム民主共和国の独立を宣言し，大統領に就任したが，フランスが認めなかったためにベトナム戦争が勃発した。

② ドイツ領東インド諸島は，ジャワ島にあるバンドンを首都としてインドネシア共和国の成立を宣言し，ゴ＝ディン＝ディエムが初代大統領になった。

③ 第二次世界大戦中日本によって占領されていたフィリピンは，1946年に社会主義国家として独立し，初代大統領マルコスのもと，反米親共路線を歩んだ。

④ イギリス支配下のマレー半島は，当初マラヤ連邦として独立，次にマレーシア連邦に発展したが，華人が多いシンガポールが連邦から分離して，別個の独立国になった。

⑤ パレスチナでは，国連によってアラブ人とパレスチナ人の分割案が作成されレバノンが建国されたが，それに反対するアラブ人との間で第1次中東戦争が起こった。

20世紀におけるアフリカ大陸の分割と新国家の誕生に関する記述として正しいものは，次のうちどれか。

① 1990年3月，ナミビアが独立したことで，ほとんどの地域の独立が達成されたが，いまだ数カ所が植民地とされている。

② 第一次世界大戦後から第二次世界大戦までの間，植民地の大半はアメリカ合衆国とイギリスの2国が領有していた。

③ 第一次世界大戦直前までにアフリカ大陸は列強が完全に分割し，独立国はエジプトとモロッコの2カ国だけであった。

④ ヨーロッパ列強諸国のうち，植民地獲得競争に最も積極的だったのは，地理的にアフリカ大陸に近いスペインやイタリアで，フランス・イギリスは終始消極的であった。

⑤ 1950年代ガーナ，ギニアなどが独立し，1960年には民族解放運動のうねりが起きたことで，17の独立国が誕生し，アフリカの年といわれたほどであった。

第7章 通史

No.1

（解答 ▶ P.35）

次に挙げる戦争と，それらに登場する著名な人物を組み合わせたものとして，正しいのはどれか。

① 百年戦争 ———————— ジャンヌ＝ダルク

② バラ戦争 ———————— ナイチンゲール

③ アヘン戦争 ————— 張作霖

④ クリミア戦争 ————— ピョートル大帝

⑤ アメリカ南北戦争 —— ジョージ＝ワシントン

No.2

（解答 ▶ P.35）

A〜Eの出来事を，年代の古い順に並べたものとして正しいのはどれか。

A　マグナ・カルタの制定

B　東西教会分裂

C　バラ戦争

D　英仏百年戦争

E　第1回十字軍

① E→C→A→B→D 　　② D→A→B→E→C

③ A→B→C→E→D 　　④ B→E→A→D→C

⑤ B→A→D→E→C

No.3

（解答 ▶ P.35）

次のA〜Eを年代の古い順に並べると，正しいものはどれか。

A　紅巾の乱

B　黄巾の乱

C　義和団事件

D　黄巣の乱

E　太平天国の乱

① B→D→A→E→C 　　② A→D→B→C→E

③ C→E→D→A→B 　　④ D→C→E→B→A

⑤ E→D→B→A→C

中国史上で起こった民衆の内乱と，それが起こったときの王朝名の組合せとして妥当なものは，次のうちどれか。

① 黄巣の乱 ——————— 前漢

② 李自成の乱 ——————— 唐

③ 黄巾の乱 ——————— 南宋

④ 紅巾の乱 ——————— 明

⑤ 赤眉の乱 ——————— 新

歴史上の出来事と，それが起こった当時の中国の統一王朝名の組合せとして，正しいものはどれか。

	〈出　来　事〉	〈王朝名〉
①	アケメネス朝とアテネなどとの間でペルシア戦争が起こった。	秦
②	カエサル，ポンペイウス，クラッススの３人によって，第１回三頭政治が始まった。	前漢
③	ミラノ勅令が出されて，キリスト教が公認された。	隋
④	クレルモン公会議に基づき，第１回十字軍遠征が行われた。	唐
⑤	イギリスとフランスの間で，百年戦争が勃発した。	宋（北宋）

以下の各文は，中国史上の法や制度について書かれたものである。正しいものはどれか。

① 秦は，法による厳格な支配を説いた思想家たちの意見を採用した。

② 漢の高祖劉邦は，郡県制を用いて帝国を支配した。

③ 唐代に整備された法のうち，令とは刑法のことを表す。

④ 明の洪武帝は，民衆教化のための６カ条の教訓として，六部を定めた。

⑤ 清の乾隆帝のとき，藩部関係事務の統轄機関として軍機処が設置された。

No.7

（解答 ▶ P.36）

中国の制度に関する記述として妥当なのはどれか。

① 北魏の時代に定められた均田制は，唐の時代に崩壊し，荘園が発達した。

② 隋の時代は，科挙に代わり九品中正という方法で官吏が登用された。

③ 隋で整備された兵農一致の兵制である府兵制は，中国の一般的な兵制として歴代王朝に引き継がれ，近代まで続いた。

④ 唐代に実施された両税法以降は，税の納入が貨幣や金・銀など貴金属で行われるのが通常化した。

⑤ 宋の時代には科挙が廃止され，官吏登用は殿試によって行われた。

No.8

（解答 ▶ P.36）

中国史に関する記述として正しいものは，次のうちどれか。

① 漢代には九品中正法という推薦制によって官吏を任用したが，漢代以後は科挙という試験制度に改められた。

② 北魏の孝文帝は，財政確保と治安維持を目的として，三長制を施行した。

③ 唐代の税制は，はじめ均田制と結びついた租庸調制であったが，やがて均田制が崩れて，780年からは地丁銀制に代わった。

④ 五代十国時代には門閥貴族が実権を握り，武断政治を行った。

⑤ 明は1689年にロシアとネルチンスク条約を結んで，スタノヴォイ山脈（外興安嶺）を国境とした。

No.9

（解答 ▶ P.36）

中国の各王朝に関する記述として正しいものは，次のうちどれか。

① 秦の始皇帝は積極的な対外政策を採り，しばしば南海遠征を行って東南アジア，インド，アラビア半島を従えて，国威を示した。

② 元は女真族が建てた王朝で，中央要職の定員を満漢同数としたが，反満思想に対しては「文字の獄」と呼ばれる弾圧を行った。

③ 漢の高祖は郡県制によって中央集権体制を固め，思想統制を行って法家以外の思想を禁じた。

④ 清はモンゴル人による王朝で，駅伝制を敷くことで道路を整備し，東西の交通・交易を活発に行った。

⑤ 唐では律令制や科挙制などが充実され，西方から景教やマニ教なども伝わって，国際色豊かな文化が栄えた。

No.10 （解答 ▶ P.36）

戦争とその講和条約の組合せとして妥当なものは，次のうちどれか。

① 三十年戦争 ——————————— パリ条約

② ユグノー戦争 ——————————— ユトレヒト条約

③ アメリカ独立戦争 ——————— ヴェルサイユ条約

④ アヘン戦争 ——————————— 北京条約

⑤ オーストリア継承戦争 ————— アーヘン和約

No.11 （解答 ▶ P.37）

アメリカ合衆国に関するA〜Eの記述を年代の古い順から並べたものとして正しいのはどれか。

A 奴隷廃止等をめぐる南北の利害対立が激化する中で北部出身のリンカーンが大統領に当選すると，南部は連邦を脱退し，南北戦争が勃発した。

B 合衆国は，ラテン＝アメリカ諸国の独立に際し，ヨーロッパ諸国によるアメリカ大陸への干渉の排除を主張するモンロー宣言を行った。

C 数年間にわたる過剰生産と異常な投機熱の中でニューヨーク株式市場が大暴落し，世界恐慌につながるかつてない大恐慌が起こった。

D 政府が積極的に経済に介入し，生産の調整による価格の安定化，大規模な公共投資，農産物価格の引き上げなどを行うニューディール政策を実施した。

E 米西戦争の結果スペイン領フィリピンを植民地化し，中国との通商の機会均等を求める門戸開放宣言を行うなど帝国主義外交を展開した。

① A→B→C→D→E

② A→B→E→C→D

③ A→C→B→D→E

④ B→A→D→C→E

⑤ B→A→E→C→D

No.12

(解答▶P.37)

各地で起こった独立運動の指導者に関する記述として妥当なのはどれか。

① 19世紀末，フィリピンではホセ・リサールが指導者となり反西・反米闘争，独立運動を繰り広げたが，最終的にはスペインに支配されることになった。

② ベトナムではホーチミンらが中心となり，東遊（ドンズー）運動を実施して日本に学び，自国の独立を目指した。

③ 19世紀前半，南米ではサンマルティンの指導でアルゼンチンやチリが独立した。

④ 19世紀半ばのボリビアでは，独立を目指してカストロやゲバラが活動を繰り広げた。

⑤ 20世紀前半のインドでは，ガンディーやネルーを中心とした武装独立運動が活発に行われていた。

No.13

(解答▶P.37)

中国文化の変遷に関して，漢の時代の出来事について記述したものはどれか。

① 王羲之の書，顧愷之の絵画などの美術的文化が発達した。

② 諸子百家と呼ばれる多くの思想家が活躍した。

③ 杜甫や李白の漢詩が書かれ，韻文の技術が発達した。

④ 仏図澄ら渡来僧が仏教を伝え，各地に石窟寺院が造られた。

⑤ 司馬遷が紀伝体という形式で歴史書を編集した。

No.14

(解答▶P.37)

美術上の様式と画家との組合せとして誤っているものはどれか。

① 印象主義 ──────── マネ，モネ

② キュビスム ──────── ピカソ，ブラック

③ ロマン主義 ──────── ゴヤ，ミレー

④ 写実主義 ──────── クールベ，ドーミエ

⑤ フォーヴィスム ────── マティス，ルオー

次の文学作品のうち，各作者の国が共通しているものとして最も妥当なのはどれか。

① 『リア王』，『白鯨』

② 『アンナ＝カレーニナ』，『神曲』

③ 『ドン＝キホーテ』，『桜の園』

④ 『赤と黒』，『椿姫』

⑤ 『ガリヴァー旅行記』，『ファウスト』

以下に挙げるルネサンス期の作品と作者の組合せのうち，正しいものはどれか。

① ボッカチオ ──────────『神曲』

② セルバンテス ──────────『ハムレット』

③ ミケランジェロ ──────────「大公の聖母」

④ レオナルド＝ダ＝ヴィンチ ──「最後の晩餐」

⑤ ボッティチェリ ──────────「四使徒」

以下の建築物のうち，ビザンツ様式で建てられているものとして妥当なものはどれか。

① ピサ大聖堂

② クリュニー修道院

③ ノートルダム大聖堂

④ ハギア＝ソフィア聖堂

⑤ ケルン大聖堂

No.18 （解答 ▶ P.38）

19世紀の西洋美術に関する説明と人物の組合せとして最も適当なものは，次のうちどれか。

A　オランダで生まれフランスで活躍した，後期印象派画家。強烈な色彩が特徴。代表作は「ひまわり」。

B　フランスの彫刻家。この時代を代表する彫刻家であり，“近代彫刻の父”ともいわれる。代表作は「地獄の門」とその一部を抜き出した「考える人」。

C　フランスの自然主義画家。パリから少し離れたバルビゾンで，風景や農民の風俗を描いた。代表作は「晩鐘」，「落穂拾い」。

	A	B	C
①	ルノワール	モネ	ミレー
②	ゴッホ	ロダン	ミレー
③	ルノワール	ロダン	セザンヌ
④	ゴッホ	モネ	ミレー
⑤	ゴッホ	モネ	セザンヌ

No.19 （解答 ▶ P.38）

以下のA〜Cは絵画に関する記述であるが，これらの作者の組合せとして適当なものは，次のうちどれか。

A　農地に残った刈り入れ後の落ち穂を拾う貧しくもたくましい農民の姿を描いた作品。フランスの自然主義画家が描いた。

B　ダンテの『神曲』などから構想を得たとされるシスティナ礼拝堂正面の祭壇画。天使や祝福され昇天する人，地獄に堕ちる人などが克明に描かれている。

C　枝にグニャリと曲がった柔らかい時計がかかり，作者自身と解釈されている生物にも柔らかさを強調した懐中時計がかかっている，超現実主義の絵画。

	A	B	C
①	ミレー	ミケランジェロ	ピカソ
②	ルノワール	ラファエロ	ダリ
③	ルノワール	ミケランジェロ	ピカソ
④	ミレー	ラファエロ	ピカソ
⑤	ミレー	ミケランジェロ	ダリ

19 〜 20 世紀にかけて西洋美術界で活躍した画家に関する記述 A 〜 C と画家名との組合せとして正しいのはどれか。

A　フランスのノルマンディ地方の農家に生まれ，幼少の頃から農民生活の厳しさをよく知っていた彼は，農民たちの日常生活や農作業をテーマとして好んで取り上げ，「落穂拾い」や「晩鐘」などの名作を描いた。彼はバルビゾン村に住み着いた写実主義の画家グループの一員であった。

B　スペインのアンダルシア地方出身の彼は，少年の頃から絵を描くことが得意だった。彼は，1904 年以降，パリを本拠地として活動し，やがて「アヴィニョンの娘たち」という作品でキュビスムの手法を明示した。政治にも強い関心を示していた彼は，ナチスによる無差別爆撃の悲劇を「ゲルニカ」という傑作に表現した。

C　スペインのカタロニア地方出身の彼は，シュルレアリスム（超現実主義）の画家として有名で，「記憶の固執」などの作品ではぐんにゃりとした柔らかい有機的なイメージが多く描かれている。映画監督のルイス・ブニュエルと共同で「アンダルシアの犬」というシュルレアリスムの映画を作ったこともある。

	A	B	C
①	ミレー	マティス	ゴーギャン
②	ルノワール	マティス	ダリ
③	ミレー	ルオー	ゴーギャン
④	ルノワール	ピカソ	ゴーギャン
⑤	ミレー	ピカソ	ダリ

以下の文章に該当する音楽家として適当な人物は，次のうちどれか。

　18 世紀に活躍したドイツの作曲家。教会音楽や器楽曲に優れた作品を残し，西洋音楽史上きわめて重要な存在である。"音楽の父" と称されることもある。作品「マタイ受難曲」，「ブランデンブルク協奏曲」など。

① バッハ

② ヘンデル

③ ハイドン

④ モーツァルト

⑤ ベートーヴェン

No.22

（解答▶P.38）

代表的な音楽家に関する記述A～Cと人名との組合せとして正しいのはどれか。

A　ドイツの作曲家で，古典派を代表する音楽家の一人である。難聴に苦しみ，やがて完全に聴力を失うが，その後も多くの傑作を生み出した。代表作に，交響曲第3番「英雄」，ピアノ協奏曲「皇帝」などがある。

B　ロシアの作曲家で，ロマン派を代表する音楽家の一人である。ロシア的な素材を取り入れながらも，ヨーロッパの伝統に根ざした作品を書いた。代表作に，舞踊組曲の「白鳥の湖」や「くるみ割り人形」などがある。

C　フランスの作曲家で，象徴派の文学運動や，印象主義の絵画運動の影響を受け，音楽における印象主義という新しい作風を完成させた。代表作に，歌劇「ペレアスとメリザンド」，管弦楽曲「牧神の午後への前奏曲」などがある。

	A	B	C
①	ベートーヴェン	チャイコフスキー	ドビュッシー
②	ベートーヴェン	ストラビンスキー	ドビュッシー
③	ベートーヴェン	ストラビンスキー	ビゼー
④	ハイドン	ストラビンスキー	ビゼー
⑤	ハイドン	チャイコフスキー	ドビュッシー

No.23

（解答▶P.38）

次の文章と関連のある文書は次のうちどれか。

「すべて政治的結社の目的は，人間の自然で奪うことのできない権利の維持に存する。この権利とは，自由，財産，安全および圧制に対する抵抗である」

① 日本国憲法

② ユネスコ憲章

③ 権利章典

④ フランス人権宣言

⑤ 第一回国連総会議案

第 3 編

地　理

第1章 地図の図法

No.1
(解答 ▸ P.39)

地図上の２点間の等角航路が直線で表される図法として正しいものはどれか。

① グード図法　　　② ボンヌ図法　　　③ 正距方位図法

④ メルカトル図法　　⑤ ランベルト図法

No.2
(解答 ▸ P.39)

世界地図には色々な図法があるが，その中のグード図法の説明として，正しいのはどれか。

① 海流図に適する。　　　② 海図として利用。

③ 面積が正確である。　　④ 経緯度線は直交している。

⑤ ２点間は等角コースである。

No.3
(解答 ▸ P.39)

地図の図法のうち，正距かつ正積かつ正方位かつ正形（形が正しい）で地球全体を表すことができるものはどれか。

① ランベルト正角円錐図法　　② ウィンケル図法

③ ホモロサイン図法　　　　　④ ユニバーサル横メルカトル図法

⑤ この中にはない

No.4
(解答 ▸ P.39)

以下の世界地図の図法についての記述のうち，正しいのはどれか。

① メルカトル図法は緯度，経度がそれぞれ平行に表示されるため，実際の地形や面積が正しく表示される。

② 正距方位図法では，地図上のあらゆる地点間の距離，方位が正しく表示される。

③ ランベルト正積方位図法では，地図上のあらゆる地域の面積が正しく表示される。

④ モルワイデ図法では高緯度地域と低緯度地域を異なる図法で表示して誤差を少なくし，大陸ごとに分断して表示する。

⑤ グード図法では世界全体が楕円形で表示され，高緯度地域が狭く表示される。

No.5

（解答 ▸ P.39）

以下の各文は，ある地図の図法について書かれたものである。説明と図法の組合せが妥当なものは，次のうちどれか。

A　中緯度周辺のひずみを減らすために経線は楕円曲線で，緯線は高緯度になるにしたがって間隔が狭くなる平行直線で描かれた図法。

B　中央経線以外の経線を正弦曲線で，緯線を等間隔の平行線で描かれた図法。中央経線と赤道の長さの比は1：2になる。

C　中央経線は直線で描かれるが，それ以外の経線は正積の条件を保つように縮尺に比例した緯線上の点を結ぶ曲線で，緯線は等間隔の同心円で描かれた図法。

	A	B	C
①	モルワイデ図法	サンソン図法	ボンヌ図法
②	サンソン図法	エケルト図法	グード図法
③	モルワイデ図法	エケルト図法	グード図法
④	サンソン図法	エケルト図法	ボンヌ図法
⑤	モルワイデ図法	サンソン図法	グード図法

No.6

（解答 ▸ P.39）

下の地図の図法として正しいものは，次のうちどれか。

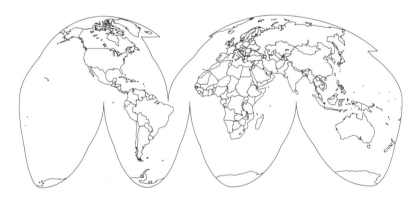

① エケルト図法
② グード図法
③ ボンヌ図法
④ モルワイデ図法
⑤ メルカトル図法

下の図に描かれた線のうち，南回帰線はどれか。

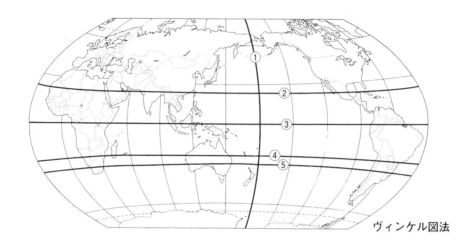

ヴィンケル図法

以下のアフリカの模式図に関する記述として妥当なのはどれか。ただし，A，Bは経線，C，Dは緯線を表しており，いずれも区切りのよい数値を取る。また，A－B，C－Dの角度の差は等しい。

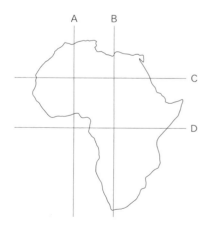

① Cは赤道，Aは本初子午線を表している。

② BとDの交点付近では四季の区別があり，8月頃の気温が最も高くなる。

③ サマータイムを考慮しないとすると，A線付近の日本との時差は6時間である。

④ ABCD4本の線で囲まれた区域は，全域が南緯・西経である。

⑤ 各線に沿って地域を一周した場合，Cに沿って一周する場合の距離が最も短い。

成田空港を 12 月 1 日 18：00 に出発した飛行機が，ハワイのホノルル空港に現地時間の 12 月 1 日 6：40 に到着した。この時の飛行時間として適当なものは，次のうちどれか。なお，日本の標準時はGMT（グリニッジ標準時）＋9時間，ハワイの標準時はGMT－10 時間とする。

① 6 時間 40 分

② 7 時間 20 分

③ 7 時間 40 分

④ 8 時間 20 分

⑤ 8 時間 40 分

第2章 世界の地形

No.1

(解答 ▶ P.40)

大陸に関する記述のうちで妥当なのはどれか。

① 六大陸で最も小さいものは南極大陸である。

② 太平洋周辺の地形は新期造山帯のため火山活動が活発だが，アルプスからヒマラヤ山脈にかけては古期造山帯のため地形は安定している。

③ アフリカ，カナダ東部，中央シベリアには安定陸塊と呼ばれる平坦で安定した地形が広がる。

④ 大陸を除くと，面積が最も大きい島はニューギニア島である。

⑤ プレートテクトニクスによれば，日本列島とハワイ諸島は少しずつ距離を広げている。

No.2

(解答 ▶ P.40)

次の記述の中で正しいものはどれか。

① 高度が10 m増すごとに，気温は0.5〜0.6℃ずつ下がる。

② 湿った風が山脈を通過するとき，冷却されて雨を降らせ山脈を越えると乾燥して気温を下げる。

③ 海洋性気候では寒暑の差が大きく，大陸性気候では寒暑の差が小さい。

④ フィヨルドは氷河によってえぐられたU字谷に海水が侵入してできた海岸をいう。

⑤ 南半球は海洋が多いので等温線は屈曲が多く規則的な線が多い。

No.3

(解答 ▶ P.40)

次のうち，安定陸塊では見られるが新期造山帯ではほぼ見られない地形として最も適当なものはどれか。

① 沖積平野

② 洪積台地

③ 構造平野

④ 海岸平野

⑤ 河岸段丘

No.4 　　　　　　　　　　　　　　　　　　　　　　　　（解答 ▶ P.40）

次のうち，楯状地や卓状地などが広く分布している地域では見られないと考えられる地形はどれか。

① ケスタ　　　② 準平原　　　③ 構造平野　　　④ 褶曲山地　　　⑤ ビュート

No.5 　　　　　　　　　　　　　　　　　　　　　　　　（解答 ▶ P.41）

世界の平野を構造平野と沖積平野に大別したとき，沖積平野に該当するものは次の中のどれか。

① ヒンドスタン平原

② 西シベリア低地

③ 北アメリカ中央平原

④ 東ヨーロッパ平原

⑤ パリ盆地

No.6 　　　　　　　　　　　　　　　　　　　　　　　　（解答 ▶ P.41）

地形について説明した記述で，ア，イ，ウに入る語句の組合せとして正しいのはどれか。

A　粘性の強い溶岩が盛り上がってできた（ア）と呼ばれる形状の火山は，雲仙や（イ）等に見られる。

B　河川の堆積によってできる（ウ）という地形は，ナイル川の河口などで見られる。

	ア	イ	ウ
①	トロイデ	阿蘇山	扇状地
②	トロイデ	箱根山	三角州
③	カルデラ	阿蘇山	三日月湖
④	カルデラ	箱根山	扇状地
⑤	トロイデ	富士山	三角州

No.7 　　　　　　　　　　　　　　　　　　　　　　　　（解答 ▶ P.41）

以下に挙げる特徴的な地形とそれが見られる場所の組合せとして妥当なものは，次のうちどれか。

① 砂州 ──────── 河川

② カール ──────── 砂漠

③ ワジ ──────── 氷河

④ モレーン ──────── カルスト

⑤ マール ──────── 火山

以下の文章のうち，「扇状地」について述べられているものはどれか。

① 砂礫が堆積することによって形成される，谷の出口を頂点とする半円錐状の地形。

② 洪水の際に，流路からあふれた水が土砂を堆積して作られた，河岸の微高地。

③ 自然堤防の外側に水がたまって形成される湿地や沼地。

④ 河川が運搬する砂や粘土が河口付近に堆積して形成される低湿地帯。

⑤ 洪水時に，流水が平常の流路から流出して作られる低平地。

以下に書いてある地形とその説明の組合せのうち，誤っているものはどれか。

① リアス式海岸 ——— 山地の沈降によって谷の部分に海水が入ってできた，鋸歯状の屈曲を持つ海岸。

② 海岸平野 ———— 陸地に沿った海底の堆積面が沈降して形成された，低平な平野。

③ エスチュアリー —— 平野を流れる河川の河口部が沈降してできた，ラッパ状の幅の広い湾。

④ ラグーン ———— 沿岸州や砂嘴，砂州などによって，海の一部が外洋から切り離されてできた湖。

⑤ 陸繋島 ————— 砂州によって陸地とつながった沖合の島。

下記の地形は，いずれも海岸地形の一種であるが，このうち「沈降（沈水）海岸」の地形で，かつその代表的な例との組合せが正しいのはどれか。

	地　形	例
①	リアス式海岸 —————	吹上浜
②	海岸平野 —————	北ドイツ平原
③	陸繋島 —————	志賀島
④	エスチュアリー ————	ラプラタ川河口
⑤	ラグーン（潟湖） ————	サロマ湖

No.11

(解答 ▶ P.41)

次の中で，氷河地形のみの組合せはどれか。

① Ｖ字谷，ドリーネ，カール

② Ｕ字谷，モレーン，カール

③ Ｖ字谷，モレーン，カール

④ Ｖ字谷，フィヨルド，カール

⑤ Ｕ字谷，フィヨルド，ドリーネ

No.12

(解答 ▶ P.41)

フィヨルドが見られる海岸だけを挙げているものはどれか。

① カナダの太平洋岸，クロアチアの西海岸

② グリーンランドの海岸，日本の三陸海岸

③ カムチャツカ半島の西海岸，朝鮮半島南部の海岸

④ スコットランド北西部の海岸，チリ南部の太平洋岸

⑤ スペイン北西部の海岸，アメリカ合衆国の太平洋岸

No.13

(解答 ▶ P.41)

地形とその説明の組合せとして誤っているのは，次のうちどれか。

① Ｖ字谷 ──── 山腹が氷食を受けてできた氷食谷

② ドリーネ ──── 石灰岩地方において，溶食によりできたすり鉢状のくぼ地

③ フィヨルド ── 氷食谷に海水が侵入してできた海岸

④ 塩湖 ──── 乾燥地域において，湖の水分が蒸発して塩分が濃くなっている湖

⑤ カルデラ ──── 火山の一部が陥没や爆発してできたくぼ地

No.14 (解答 ▶ P.42)

日本の地形に関する記述として妥当なのはどれか。

① 日本列島には糸魚川から静岡にかけて中央構造線が走っており，この線を境に日本列島の地質は大きく性質を変えている。

② 石狩川流域に広がる石狩平野は泥炭地で農作物の生産に向かないため，畜産業が発達している。

③ 一般に，津軽富士は岩木山，伯耆富士は大山，蝦夷富士は羊蹄山，会津富士は磐梯山の別名である。

④ 信濃川は，越後平野，長野盆地，丹波高地などを流れる日本一長い川である。

⑤ 日本三景の一つに数えられる天橋立は，典型的な陸繋島である。

No.15 (解答 ▶ P.42)

山脈や河川は古くから自然的国境として用いられてきたが，次のうちで河川と国境との組合せとして正しいものはどれか。

① ヤールー川 ——————— 中国・ロシア国境

② リオグランデ川 ——————— アメリカ・メキシコ国境

③ ナイル川 ——————— エジプト・リビア国境

④ セーヌ川 ——————— ドイツ・フランス国境

⑤ メコン川 ——————— インド・ミャンマー国境

No.16 (解答 ▶ P.42)

以下の河川や山脈は，自然的国境を形成しているものであるが，それぞれを国境としている国の組合せとして正しいものは，次のうちどれか。

① メコン川 ———— ラオス，タイ，カンボジア

② ピレネー山脈 ——— イタリア，フランス，スイス

③ アムール川 ———— 中国，朝鮮民主主義人民共和国

④ ドナウ川 ———— ドイツ，フランス，スイス

⑤ ライン川 ———— ドイツ，フランス

No.17

（解答▶P.42）

地球上を流れる海流に関する記述として妥当なのはどれか。

① 赤道付近の海流は，東から西に流れる地域が多い。

② アメリカ西海岸には，暖流のカリフォルニア海流が流れる。

③ イギリス北部には，寒流の北大西洋海流が流れる。

④ 南米のチリ沿岸には，暖流のフンボルト海流が流れる。

⑤ アフリカ東海岸には，暖流のベンゲラ海流が流れる。

No.18

（解答▶P.42）

地形に関する記述A〜Dの正誤の組合せとして正しいのはどれか。

A 氷期の海面の低い時期に侵食された谷が海面の上昇によって沈水してできたフィヨルドは，エーゲ海沿岸やチリ南部に見られ，天然の良港となっている。

B 山地から河川によって運ばれる大量の土砂により河口付近にできる三角州は，低湿で軟弱な地盤にもかかわらず，大都市が立地する場合が多い。

C 河川の活発な侵食により山地から大量の土砂が運ばれ，その土砂の堆積により形成される侵食平野は，世界の大きな平野の大部分を占めている。

D 扇状地を流れる河川は，特に扇央部ではふだんは水が砂礫中を伏流して水無川となることが多い。

	A	B	C	D
①	正	正	正	誤
②	正	誤	正	誤
③	正	誤	誤	正
④	誤	正	正	誤
⑤	誤	正	誤	正

第3章 世界の気候

No.1 （解答 ▸ P.43）

気候分類は一般にケッペン気候区分が利用されるが，ニュージーランドの夏は冷涼で降雨が少なく，冬も暖かく，緑の牧草地となっている。この気候区分は次のどれか。

① 温暖湿潤気候

② サバナ気候

③ 地中海性気候

④ 西岸海洋性気候

⑤ ステップ気候

No.2 （解答 ▸ P.43）

熱帯地域の特色について，正しいものは次のうちどれか。

① ケッペンの気候区分における熱帯気候（A）とは，最寒月平均気温が22℃を超える地域のことである。

② 黒色土であるチェルノーゼムが広く分布しており，土壌は一般的に肥沃である。

③ 農業形態としては，作物栽培と家畜の飼育を組み合わせた混合農業が多く見られる。

④ 南米の熱帯雨林の周辺には，疎林と草原地帯が分布している。

⑤ 熱帯雨林は，同一樹種からなっている森林が多い。

No.3 （解答 ▸ P.43）

以下の各文は，ケッペンの気候区分によるある気候区の特徴を述べたものである。該当する気候区として正しいものは，次のうちどれか。

・季節風の影響で，雨季と弱い乾季がある。

・雨季の降水量が多く，熱帯雨林が生育する。

・東南アジアや西アフリカ，アマゾン川流域に分布している。

① 熱帯雨林気候

② 熱帯モンスーン気候

③ サバナ気候

④ 温暖湿潤気候

⑤ 地中海性気候

No.4

（解答 ▶ P.43）

ケッペンの気候区分による各気候区分の特色を述べたものとして，正しいのは次のうちどれか。

① ステップ気候：熱帯雨林気候の周辺にあって，雨季と乾季が明瞭な気候。疎林をまじえた丈の
　　　　　　　　高い草原地帯となっている。

② サバナ気候：砂漠気候の周辺に分布し，夏にまとまった降水をみるため，丈の短い草原となっ
　　　　　　　ている。

③ 西岸海洋性気候：冬は温暖で比較的雨が多いが，夏は高温で乾燥する。

④ 熱帯モンスーン気候：季節風の影響で夏は多雨，冬は少雨である。

⑤ 温暖湿潤気候：大陸性の気候で，夏は気温が上がるが，冬は長くて寒い。

No.5

（解答 ▶ P.43）

下の記述は，ケッペンの気候区分によって分けられた，ある気候区の解説である。この気候区を含んでいない国として正しいものはどれか。

　この気候区は気温の年較差が大きく，１年を通して降水に恵まれている。南部には針葉樹と広葉樹の混合林が，北部には針葉樹の大森林が広がっている。

① ロシア

② 日本

③ アメリカ

④ カナダ

⑤ アルゼンチン

No.6

（解答 ▶ P.43）

世界の乾燥地帯，特に砂漠に関する記述として正しいのは，次のうちどれか。

① 北回帰線および南回帰線付近は赤道付近より少ない。

② どの大陸においても，東岸地帯の北回帰線および南回帰線付近に多く分布する。

③ どの大陸においても，西岸地帯にはない。

④ アフリカ大陸北部とアジア大陸中部には大規模なものがある。

⑤ 北アメリカ大陸，ヨーロッパ大陸中部にはない。

次の表は，地球上の気候区を熱帯（Af・Aw），乾燥帯（BS・BW），温帯（Cw・Cs・Cf），亜寒帯（Df・Dw），寒帯（ET・EF）に分け，その大陸別の割合を，全大陸，ユーラシア大陸，アフリカ大陸，オーストラリア大陸について示したものである。この表で温帯気候を表すものはどれか。

区分	全大陸	ユーラシア大陸	アフリカ大陸	オーストラリア大陸
①	26.3%	26.1%	46.7%	57.2%
②	21.3%	39.2%	0.0%	0.0%
③	19.9%	7.4%	38.6%	16.9%
④	17.1%	9.8%	0.0%	0.0%
⑤	15.4%	17.5%	14.7%	25.9%

ケッペンの分類による気候区とその代表的植生との組合せとして正しいのはどれか。

① サバナ気候（Aw）————— セルバなどの常緑広葉樹林

② ステップ気候（BS）————— 長草草原と疎林

③ 地中海性気候（Cs）————— 乾燥に強い硬葉樹林

④ 西岸海洋性気候（Cfb）——— カシ，シイ，ヤブツバキなどの照葉樹林

⑤ 冷帯夏雨気候（Dw）————— 夏に蘚苔類・地衣類が生育

以下の緯度とケッペンの気候区分との組合せのうちで，実在する組合せとして妥当なのはどれか。

A 赤道 ————— Af

B 北緯20度 ——— BW

C 南緯20度 ——— ET

D 北緯40度 ——— Cs

E 北緯60度 ——— Cfc

① すべて実在する

② A，B，D

③ A，B

④ A，D，E

⑤ B，D

No.10

（解答 ▶ P.44）

以下の都市をケッペンの気候区分によって分けたとき，同じ気候区分に属する都市の組合せとして妥当なのはどれか。

A	シンガポール	ジャカルタ	マイアミ
B	ダーウィン	バンコク	ヤンゴン
C	カイロ	テヘラン	ラスベガス
D	ローマ	ケープタウン	サンフランシスコ
E	ロンドン	メルボルン	イルクーツク
F	ホンコン	クンミン	ンジャメナ

① A，C，E

② B，F

③ B，C，D

④ D

⑤ E，F

No.11

（解答 ▶ P.44）

下の雨温図に該当する気候区として最も妥当なものは，次のうちどれか。

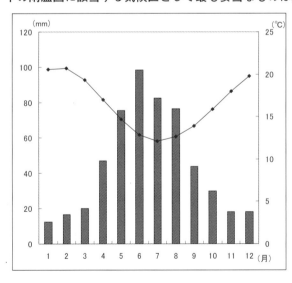

① サバナ気候

② 地中海性気候

③ 西岸海洋性気候

④ 温暖湿潤気候

⑤ ステップ気候

（解答 ▶ P.44）

下の雨温図は，北緯41°近辺にある日本の函館，中国内モンゴル自治区のフフホト，イタリアのローマのものである。都市と雨温図の組合せとして正しいものは次のうちどれか。

	A	B	C
①	ローマ	函館	フフホト
②	函館	ローマ	フフホト
③	ローマ	フフホト	函館
④	フフホト	函館	ローマ
⑤	フフホト	ローマ	函館

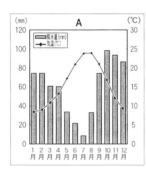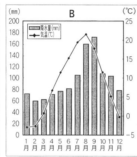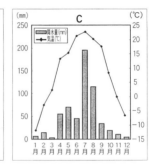

（解答 ▶ P.44）

下のハイサーグラフは，ケッペンの気候区分で表すと何気候のものか。

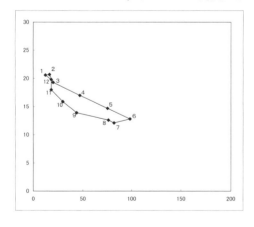

① 西岸海洋性気候

② 地中海性気候

③ 温帯冬期小雨気候

④ 冷帯夏雨気候

⑤ ステップ気候

No.14

（解答 ▶ P.44）

右のハイサーグラフをみて，当てはまる気候は次のうちどれか。

① 温暖湿潤気候

② 西岸海洋性気候

③ 地中海性気候

④ 冷帯湿潤気候

⑤ 冷帯夏雨気候

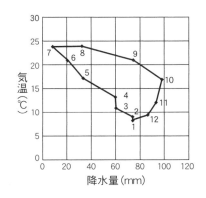

No.15

（解答 ▶ P.44）

下のハイサーグラフに該当する都市はどこか。

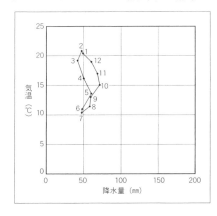

① 東京

② ローマ

③ メルボルン

④ シカゴ

⑤ バロー

下の世界地図にあるＡとＢの海流の名称および暖流・寒流の区分について妥当な組合せは，次のうちどれか。

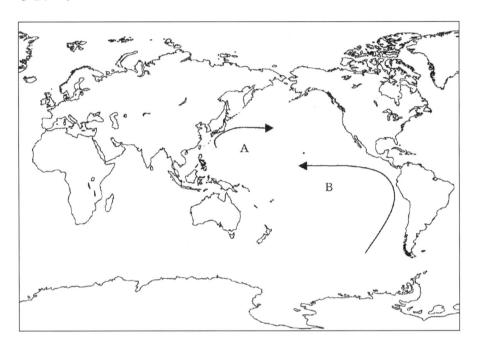

	A	B
①	黒潮・暖流	南カリフォルニア海流・暖流
②	親潮・寒流	ペルー海流・暖流
③	黒潮・暖流	ペルー海流・寒流
④	親潮・寒流	南カリフォルニア海流・寒流
⑤	親潮・暖流	ペルー海流・暖流

第4章 世界の産業

No.1

（解答 ▶ P.45）

下の表は，大豆・トウモロコシ・茶の輸出量世界上位5カ国と，世界計に対する割合を表したものである（2019年データ）。表と作物の組合せとして正しいものは，次のうちどれか。

A

国　　　名	輸出割合
ア メ リ カ	23.3%
アルゼンチン	22.6%
ブ ラ ジ ル	19.6%
ウ ク ラ イ ナ	13.3%
ル ー マ ニ ア	3.6%

B

国　　　名	輸出割合
ア メ リ カ	47.7%
ブ ラ ジ ル	33.7%
アルゼンチン	6.5%
パ ラ グ ア イ	3.2%
カ ナ ダ	2.6%

C

国　　　名	輸出割合
中　　　　　国	23.7%
ケ ニ ア	18.2%
イ ン ド	12.8%
ス リ ラ ン カ	8.4%
ベ ト ナ ム	6.7%

	A	B	C
①	大豆	トウモロコシ	茶
②	トウモロコシ	大豆	茶
③	茶	大豆	トウモロコシ
④	大豆	茶	トウモロコシ
⑤	茶	トウモロコシ	大豆

No.2

（解答 ▶ P.45）

下の表は，コーヒー豆，カカオ豆，砂糖の輸出量世界上位5カ国と，世界計に対する割合（2019年データ）を表したものである。表と作物の組合せとして正しいものは，次のうちどれか。

A

国　　　名	輸出割合
ブ ラ ジ ル	27.3%
タ イ	14.1%
イ ン ド	8.4%
オ ー ス ト ラ リ ア	4.3%
フ ラ ン ス	4.1%

B

国　　　名	輸出割合
ブ ラ ジ ル	28.3%
ベ ト ナ ム	17.9%
コ ロ ン ビ ア	9.6%
ホ ン ジ ュ ラ ス	5.2%
ド イ ツ	4.5%

C

国　　　名	輸出割合
コートジボワール	39.5%
ガ ー ナ	15.7%
カ メ ル ー ン	7.6%
ナ イ ジ ェ リ ア	7.3%
エ ク ア ド ル	6.6%

	A	B	C
①	コーヒー豆	カカオ豆	砂糖
②	カカオ豆	砂糖	コーヒー豆
③	砂糖	コーヒー豆	カカオ豆
④	コーヒー豆	砂糖	カカオ豆
⑤	砂糖	カカオ豆	コーヒー豆

以下の文章は，ある農産物について書かれたものである。説明文と農作物の組合せとして，正しいものはどれか。

A　インド東部〜中国の華南が原産地とされる。生育期には，平均気温が 17 〜 18℃，1,000mm 以上の年降水量が必要なため，高温多雨である地方で生産される。主な生産国は中国・インド・インドネシアなど。

B　西アジアもしくはカフカス地方が原産地とされる。生育期には月平均気温が 14℃ 程度，成熟期には月平均気温 20℃ ほどで，年降水量 500 〜 750mm が最も望ましい。肥沃な土壌が必要で，主な生産国は中国・インド・アメリカ・ロシアなど。現在世界で最も生産されている穀物。

C　東アジアが原産地。年中高温多雨で，排水良好な丘陵地に適している。収穫に多量の労働力を必要とする。主な生産国はインド，中国，スリランカ，ケニアなど。

	A	B	C
①	綿花	ジャガイモ	茶
②	米	小麦	茶
③	米	小麦	コーヒー豆
④	綿花	ジャガイモ	コーヒー豆
⑤	米	ジャガイモ	コーヒー豆

穀物と飼料の作物栽培と，肉牛や豚などの家畜の飼育を組み合わせた農業を「混合農業」というが，これが見られる地域として正しいものは，次のうちどれか。

① デカン高原
② アメリカ合衆国中西部
③ 華北平原
④ 大鑽井盆地
⑤ ブラジル高原

No.5 （解答 ▶ P.45）

以下の文章は，混合農業について書かれたものである。文章中の下線部が誤っているところはどれか。

混合農業は，商業的混合農業と自給的混合農業とに分けることができる。これにしたがうと，西ヨーロッパや北アメリカの混合農業は，①商業的混合農業ということができる。

西ヨーロッパでは，パン用の穀物として小麦，家畜飼料用の②クローバーなどの輪作と，③豚や肉牛の飼育が密接に結びついている。

また北アメリカでは，④春小麦の栽培と豚や肉牛の肥育を結合させたものが主体的だが，この肥育は⑤フィードロットと呼ばれる方式が用いられる。

No.6 （解答 ▶ P.45）

プランテーション農業に関する次の記述のうち，誤っているものはどれか。

① 主として欧米の資本・栽培・加工技術により成立している。

② 欧米地方を消費市場としており，単一耕作が多く価格に安定性がないのが欠点である。

③ 作物としては，天然ゴム・綿・カカオ豆・サトウキビ・コーヒー豆などが代表的作物である。

④ 豊富な低賃金労働力＝熱帯現地人や移民の労働力によって経営している。

⑤ 温帯の大規模企業的農業のことで，現在では後進地域の開発に有効な手段となっている。

No.7 （解答 ▶ P.45）

以下の農業に関する記述のうち，妥当なのはどれか。

① カナダやロシアでは，大規模な森林を利用した焼畑農業が一般に行われている。

② アメリカでは商業資本による大規模農業が一般的で，穀物や食肉が大量に輸出されている。

③ オーストラリアでは広い国土の大部分が砂漠のために大規模農業は発達せず，集約的な穀物生産が行われている。

④ アフリカでは植民地時代に導入されたヨーロッパ式農業が普及し，混合農業により畜産にも力を入れている。

⑤ 近年のアジアでは消費水準の高まりに合わせ，穀物の生産が減少し商品作物の生産に切り替えが進んでいる。

下のアメリカの白地図にあるＡとＢについて，ここで最もよくとれると思われる農作物の組合せとして最も妥当なものは，次のうちどれか。

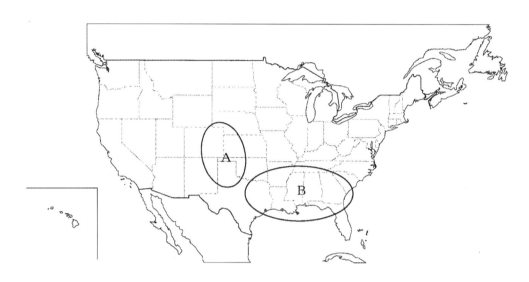

	A	B
①	春小麦	オレンジ
②	冬小麦	オレンジ
③	春小麦	綿花
④	春小麦	タバコ
⑤	冬小麦	綿花

No.9

(解答 ▶ P.46)

次の表のＡ～Ｅは，中国，インド，ロシア，アメリカ合衆国，フランスのいずれかに該当するが，このうちＡ，Ｂ，Ｃの国名の組合せとして正しいのはどれか。

	農林水産業従事者〔万人〕（2017 年）	経済活動人口に占める割合〔%〕	耕地面積〔万 ha〕（2017 年）	国土面積に占める割合〔%〕	穀類生産量〔千 t〕（2017 年）
A	39,889	39.3	13,675	14.3	617,930
B	188	4.5	1,954	35.6	68,730
C	63,232	70.9	18,737	57.0	313,640
D	965	9.8	12,824	7.5	131,295
E	519	2.4	17,205	17.5	466,847

	A	B	C
①	中国	フランス	インド
②	中国	ロシア	アメリカ合衆国
③	アメリカ合衆国	ロシア	インド
④	アメリカ合衆国	フランス	中国
⑤	インド	ロシア	中国

No.10

(解答 ▶ P.46)

世界の三大漁場の組合せとして正しいものはどれか。

① 東シナ海・インド洋・北極海

② 日本近海・北アメリカ東岸・北海

③ 黒海・アラフラ海・北海

④ 南氷洋・北アメリカ東岸・インド洋

⑤ アラフラ海・東シナ海・北海

No.11

(解答 ▶ P.46)

次に挙げる５カ国のうち，2019 年のデータで漁獲量(t)，水産物の輸入額(ドル)ともに世界上位５カ国に入っている国はどれか。

① スペイン　　② ペルー　　③ インドネシア　　④ アメリカ　　⑤ チリ

下のグラフは，石炭・石油・鉄鉱石の産出量世界第5位までの国と，全体の産出量に対する割合を表したものである（2016年データ）。A〜Cに入る国の組合せとして正しいものは，次のうちどれか。

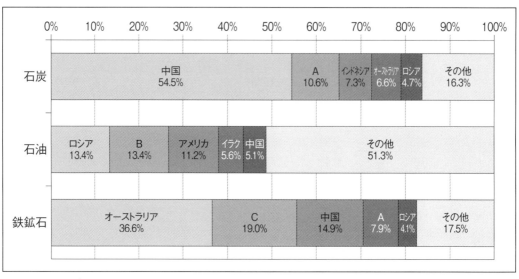

	A	B	C
①	インド	サウジアラビア	ブラジル
②	ポーランド	サウジアラビア	カナダ
③	ポーランド	クウェート	カナダ
④	インド	クウェート	ブラジル
⑤	ポーランド	サウジアラビア	ブラジル

主な原油生産地の組合せとして，妥当なのはどれか。

①	カリフォルニア	北海	マラカイボ
②	ペルシャ湾	チュメニ	ウェイパ
③	カスピ海	五大湖	ザンビア
④	アラスカ	南アフリカ	メキシコ湾
⑤	ルール	ダモダル	撫順

No.14

（解答 ▶ P.46）

以下は，石炭・石油・鉄鉱石・銅・ボーキサイトの主要産出国を挙げたものである（2017年データ，石油のみ2019年データ）。このうち，それぞれの資源と産出国の組合せが妥当でないものはどれか。

① 石炭 ――――――― 中国，インド，インドネシア，オーストラリア，アメリカ

② 石油 ――――――― アメリカ，ロシア，サウジアラビア，イラク，中国

③ 鉄鉱石 ―――――― 中国，インドネシア，ミャンマー，ボリビア，ブラジル

④ 銅 ―――――――― チリ，ペルー，中国，アメリカ，コンゴ

⑤ ボーキサイト ―― オーストラリア，中国，ギニア，ブラジル，インド

No.15

（解答 ▶ P.46）

以下の名称は，炭田名，油田名，鉄鉱石の鉱山名を表したものである。それぞれに該当する組合せとして適当なものは，次のうちどれか。

A アパラチア，フーシュン，ザール，クズネツク

B アルバータ，ヴォルガ＝ウラル，ガワール，ターチン

C メサビ，カラジャス，クリヴォイログ，アンシャン

	炭田	油田	鉱山
①	A	B	C
②	A	C	B
③	B	A	C
④	B	C	A
⑤	C	B	A

以下の説明文と該当する非鉄金属やレアメタルの組合せとして正しいものは，次のうちどれか。

A　淡い赤みを帯びた金属で，加工しやすく電気伝導性に優れているため電線などに利用される。主な産出国はチリ，ペルー，中国など。

B　茶褐色の鉱石で，アルミニウムの原料になる。熱帯雨林地域もしくは以前熱帯雨林だった地域で多く産出される。主な産出国はオーストラリア，中国，ギニアなど。

C　黄金色の貴金属で展延性に富んでいる。装飾品，美術工芸品などに使われる他，貨幣，投資対象などにも利用される。主な産出国は中国，オーストラリア，ロシアなど。

	A	B	C
①	銅	ボーキサイト	金
②	錫	ニッケル	白金
③	錫	ボーキサイト	金
④	銅	ニッケル	金
⑤	銅	ボーキサイト	白金

世界における金，鉄鉱石および銅鉱の主な産出国を挙げた組合せとして妥当なものは，次のうちどれか。

	金 （2017）	鉄　鉱　石 （2017）	銅　　　鉱 （2016）
①	南アフリカ共和国 フランス	ブラジル 日本	イギリス 韓国
②	ロシア 中国	ロシア オーストラリア	日本 インド
③	インド メキシコ	中国 イギリス	アメリカ合衆国 スペイン
④	チリ ブラジル	オーストラリア コンゴ民主共和国	中国 韓国
⑤	中国 オーストラリア	オーストラリア ブラジル	チリ ペルー

(解答 ▶ P.47)

日本の鉱物資源で，自給自足可能なものは次のうちどれか。

① 石油

② アルミニウム

③ 鉄鉱石

④ 石灰

⑤ 白金

(解答 ▶ P.47)

下の文のＡ，Ｂに入る国名として適当な組合せは次のうちどれか。

　　　Ａ　　はガラス工業がさかんで，古くからボヘミアガラスの産地として有名である。　　Ｂ　　
のキンバリーは世界有数のダイヤモンド鉱山都市である。

	A	B
①	ハンガリー	ロシア
②	ドイツ	コンゴ民主共和国
③	ポーランド	ペルー
④	チェコ	南アフリカ共和国
⑤	チェコ	コンゴ民主共和国

(解答 ▶ P.47)

下の表は，アメリカ，韓国，ドイツ，フランス，イギリスの乗用車，商用車の生産台数および乗用
自動車の輸出入金額を表にしたものである（2020年データ）。このうち，ドイツはどれか。

	乗用車生産台数 （台）	商用車生産台数 （台）	輸出金額 （100万米ドル）	輸入金額 （100万米ドル）
①	3,515,488	227,082	200,155	105,365
②	1,924,398	6,896,628	96,086	221,761
③	920,928	66,116	31,529	47,737
④	927,344	388,653	39,702	58,347
⑤	3,211,706	295,068	52,972	18,373

以下の表は，工作機械（2016年データ），自動車（2021年データ），スマートフォン（2015年データ）の生産台数における世界上位5位までの国と生産全体に対する割合を表したものである。A～Cに入る項目の組合せとして正しいものは，次のうちどれか。

A		B		C	
中国	28.3%	中国	32.5%	中国	80.5%
ドイツ	15.4%	アメリカ	11.4%	ベトナム	10.8%
日本	15.0%	日本	9.8%	韓国	3.9%
アメリカ	7.3%	インド	5.5%	台湾	2.2%
イタリア	6.8%	韓国	4.3%	インド	1.0%

	A	B	C
①	工作機械	自動車	スマートフォン
②	自動車	工作機械	スマートフォン
③	自動車	スマートフォン	工作機械
④	スマートフォン	自動車	工作機械
⑤	スマートフォン	工作機械	自動車

No.22

（解答 ▶ P.47）

アメリカの工業都市について，地図上の都市名と工業の組合せとして，正しいものはどれか。

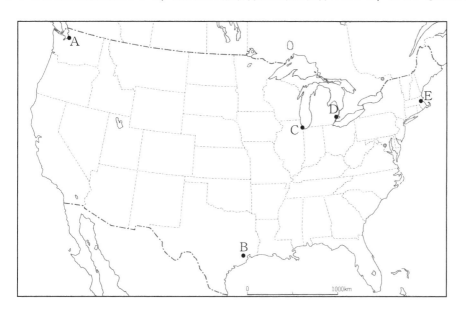

① A＝シアトル：自動車，電子，石油化学工業

② B＝ニューオリンズ：石油精製，石油化学工業

③ C＝シカゴ：綿工業，航空機，造船

④ D＝デトロイト：自動車，航空機，製鉄

⑤ E＝ニューヨーク：繊維，精密機械，出版

No.23

（解答 ▶ P.47）

以下は国とその国の主要な貿易相手国とを組み合わせたものであるが，誤りはどれか。

① インド ――――――― アメリカ，中国，シンガポール，アラブ首長国連邦

② アメリカ合衆国 ―― カナダ，日本，メキシコ，中国

③ ブラジル ――――― 中国，アメリカ，ポルトガル，オーストラリア

④ ドイツ ―――――― フランス，アメリカ，イギリス，オランダ

⑤ 日本 ―――――――― アメリカ，中国，韓国，オーストラリア

No.24 (解答 ▶ P.47)

下記は，国名とその国の主な輸出品を書いたものである（データ：2023年外務省ホームページより）。
誤っているのはどれか。

① アメリカ：自動車，自動車部品，工業用原材料，航空機，医療機器

② フランス：農産品，化学製品，自動車，工業製品等

③ タ　イ：機械，自動車・同部品，電機機器・同部品

④ ブラジル：大豆，原油，鉄鉱石，石油製品

⑤ ニュージーランド：鉄鉱石，石炭，天然ガス

No.25 (解答 ▶ P.47)

以下の記述は，アジア諸国とその国の総輸出額の中に占める割合が大きな主要輸出品を組み合わせ
たものであるが，組合せとして誤っているものはどれか。

国　名	主　要　輸　出　品
① サウジアラビア ———	原油，石油製品，プラスチック，有機化合物，機械類
② イスラエル ————	機械類，ダイヤモンド，化学薬品，精密機械，医薬品
③ タイ ————————	衣類，紅茶，タイヤ類，機械類，香辛料
④ フィリピン ————	機械類，石油製品，衣類，パーム油，精密機械
⑤ ベトナム —————	機械類，衣類，履物類，繊維，織物

第5章 各国地誌，人種，言語など

No.1

(解答 ▶ P.48)

次のうち，2つ以上の言語が公用語とされている国の組合せとして正しいものはどれか。

① メキシコ，ブラジル

② ポーランド，トルコ

③ ベルギー，スイス

④ ハンガリー，カナダ

⑤ イラン，マレーシア

No.2

(解答 ▶ P.48)

スペイン語を公用語としている国を挙げているのはどれか。

① パナマ，フィリピン

② インドネシア，チリ

③ キューバ，コロンビア

④ ブラジル，アルゼンチン

⑤ モロッコ，メキシコ

No.3

(解答 ▶ P.48)

国境には，人工的な経緯線などを利用した「人為的国境」と山脈・河川・海岸などの自然物を利用した「自然的国境」があるが，次に挙げる国家間の国境のうち，経緯線を利用した人為的国境線がある組合せとして妥当なものはどれか。

① フランス・スペイン

② イタリア・スイス

③ ラオス・タイ

④ ブルガリア・ルーマニア

⑤ パプアニューギニア・インドネシア

下の文章は，地球上のある場所について説明したものである。どこの国の領土か。

「ここは北極海と北大西洋の間にある世界最大の島で，大部分が北極圏に属している。全島の約80％は氷河と万年雪に覆われていて，居住区は海岸部のみ。短く涼しい夏と，長く厳しい冬が気候の特徴である。」

① ノルウェー　　② フィンランド　　③ アイスランド　　④ デンマーク　　⑤ カナダ

島と海域の組合せとして正しいのはどれか。

① 西インド諸島 ――――― インド洋
② マダガスカル島 ――――― 太平洋
③ セイロン島 ――――― 地中海
④ シチリア島 ――――― カリブ海
⑤ フォークランド諸島 ―― 大西洋

都市の立地条件には様々なものがあるが，次のうち，湖と陸との結節点である湖岸に発達した都市はどれか。

① シカゴ　　　　② サンクトペテルブルク　　　③ トリノ
④ モスクワ　　　⑤ ジブラルタル

都市の成立・発展にはその立地条件が大きな要因となっている。次のうち，それぞれの立地条件に該当するものとして挙げた都市の組合せとして正しいのはどれか。

① 河口，合流地点など河川交通の要地に発達したもの ―― ニューオリンズ
② 海上交通の要地に発達したもの ――――――――――― エドモントン
③ 湖上と陸上交通の連絡点として発達したもの ――――― 広州
④ 山地と平地との接点にできた集落が発達したもの ―― モンテビデオ
⑤ 生産力の豊かな平野を後背地として発達したもの ―― 銚子

No.8

（解答 ▶ P.49）

下のⅠ群とⅡ群の中に，それぞれ1つずつ他とは異なる機能を持った都市が含まれている。その2つの都市に共通する機能は，次のうちどれか。

Ⅰ群：ケンブリッジ・プリンストン・ニューデリー・筑波

Ⅱ群：メディナ・ブッダガヤ・バチカン・ハーグ

① 学術都市

② 交易都市

③ 宗教都市

④ 政治都市

⑤ 軍事都市

No.9

（解答 ▶ P.49）

近年，経済発展が著しい国を総称して「BRICs」という言葉がよく使われているが，これに該当する国の組合せとして適当なものは，次のうちどれか。

① ブラジル・ルーマニア・インドネシア・チリ

② ブルガリア・ロシア・インド・チリ

③ ブラジル・ルーマニア・インドネシア・中国

④ ブラジル・ロシア・インド・中国

⑤ ブルガリア・ルーマニア・インド・中国

No.10

（解答 ▶ P.49）

世界各国の民族・宗教などに関する記述として妥当なのはどれか。

① ペルーでは人口の約1割を日系人が占めているが，その大部分は農村部に居住し，農業に従事している。

② インドネシアは1万数千の島々からなる群島国家であるため多様な民族が住んでいるが，国民の多数はイスラーム教徒である。

③ ベルギーではフランス語の方言であるフラマン語と，英語の方言であるワロン語を話す人々の間で，どちらをベルギーの国語とするかという争いが続いている。

④ オーストラリアでは人口の2割に満たない白人が法律により有色人種の基本的人権を奪ってきたが，現在ではこれらの差別法はすべて撤廃されている。

⑤ シンガポールではマレー人が人口の過半数を占めるが，人口の約1割を占めるにすぎない華人が経済の実権を握っていることから，両民族の間に対立が続いている。

No.11 (解答 ▶ P.49)

以下に挙げる各国のうち，全人口に対するイスラム教徒の比率が最も高い国の組合せとして，正しいのはどれか。

ア　インド
イ　ブラジル
ウ　パキスタン
エ　インドネシア
オ　スリランカ
カ　ベトナム

① ア・イ　　　② ア・ウ　　　③ ウ・エ　　　④ エ・オ　　　⑤ オ・カ

No.12 (解答 ▶ P.49)

世界の各地域における水利用のあり方について，誤っているものは次のうちどれか。

① 河川水が豊富に存在するカナダやブラジルでは，水力発電の依存度が高い。
② ガンジス川下流のデルタ地域は，南西モンスーンの降雨を利用して稲作が行われている。
③ コロンビア川には雄大なグランドクーリーダムがあり，コロンビア高原の灌漑の他，水力発電にも使われている。
④ オーストラリアの大鑽井盆地では，被圧地下水を利用するために，数多くの掘り抜き井戸が掘られている。
⑤ 南米の乾燥地帯には，湿潤地方を源とする外来河川を利用した，カナートと呼ばれる水路がある。

No.13 (解答 ▶ P.49)

次の記述のうち，誤っているものはどれか。

① インドシナ半島にあるカンボジアは仏教国で，米作が主産業である。
② イタリアは工業製品や衣類などを輸出しており，輸出先はドイツ，フランスなどのヨーロッパ諸国が主である。
③ ライン川はアルプスに源を発し，ドイツ西部を流れベルギー，オランダを通って北海に注ぐ。この川の流域では，ブドウが栽培されている。
④ ベネルクス3国とは，ベルギー，オランダ，ルクセンブルクをいう。
⑤ チリは南北4,000kmの細長い国土を有し，北部は砂漠だが，南部は林産資源が多く，また銅や銀など鉱山資源に富む。

No.14

（解答▶P.49）

東アジアに関する記述として妥当なのはどれか。

① 中国は漢民族中心の国家であり，25に区分された少数民族に対する自治権は一切認められていない。

② 台湾の民族構成は漢民族が中心であるが，地理的な条件から言語は広東語が中心になっている。

③ 20世紀末に香港はイギリスから，マカオはフランスから返還され，現在は中国の一部となっている。

④ 中国では重要な都市が直轄市として省と同様の扱いを受けるが，現在直轄市は北京，上海，天津，深圳，重慶の5都市である。

⑤ 中国沿岸部に設けられた経済特区や経済開発区に外国企業が競って投資をしたため，中国経済は成長した。

No.15

（解答▶P.49）

次のA～Cは東南アジアの国々に関する記述である。A～Cに該当する国の正しい組合せはどれか。

A 国民は仏教徒がほとんどを占め，米の輸出高は世界第1位である。

B 国民はキリスト教が主体であり，サトウキビはこの国の主要産物の1つである。

C 国民はイスラム教が中心であり，主要な産物として，天然ゴム，すず鉱，銅鉱，天然ガスなどがある。

	A	B	C
①	ミャンマー	フィリピン	インドネシア
②	タイ	フィリピン	マレーシア
③	ミャンマー	シンガポール	フィリピン
④	タイ	フィリピン	インドネシア
⑤	ミャンマー	インドネシア	マレーシア

下の文は，東南アジアのある国について書かれたものである。この文に該当する国は，下の地図のうちどれか。

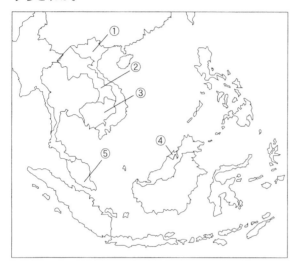

メコン川下流域にある自然豊かな農業国で，米，トウモロコシ，天然ゴムなどの栽培が盛んである。独立後内戦が続き，経済は壊滅状態となったが，1993年に立憲君主制で王政が復活。90年代後半に一時期政府内部の確執が起こったが，その後は政情が安定し，衣料生産や観光業の好調によって経済は回復に向かっている。

ベトナムに関する記述として正しいものは，次のうちどれか。

① 立憲君主制を採っている。

② 東南アジアで唯一OPECに加盟している。

③ 1986年以降，社会主義型市場経済を目指すドイ・モイ（刷新）政策を採用している。

④ 長らく内戦状態にあったが，1991年に国連の仲介で収束した。

⑤ 以前は中継貿易で発展したが，現在はASEAN有数の工業国である。

インドに関する記述として最も妥当なものは，次のうちどれか。

① イスラム教が国教である。

② 先端技術産業の成長が著しい。

③ ジュート製品が輸出の大半を占める。

④ 産油国であり，OPECに加盟している。

⑤ 国土の大半が温帯気候である。

No.19

（解答▶P.50）

南アジアの農業に関する記述として妥当なのはどれか。

① インダス川流域では，湿潤な気候を利用した米の生産が盛んである。

② デカン高原やパンジャブ地方では茶の生産が盛んで，外貨獲得に大きく貢献している。

③ 地形的に台地が多く農業用水の得にくいインドでは畜産が発達しているが，気候の関係で羊は少なく，羊毛の生産はほとんどない。

④ 植民地としてプランテーションの発達していたスリランカでは，独立後も茶，天然ゴム，ココヤシなどの商品作物生産が経済の中心である。

⑤ バングラデシュでは低地の国土に適した米，ジュート，小麦の世界的生産地である。

No.20

（解答▶P.50）

以下の文章は，アフリカにある国について書かれたものである。該当する国名の組合せとして妥当なものは次のうちどれか。

A アフリカの中央に位置するアフリカ最大の産油国であり，OPECの加盟国。カカオや落花生，すずなども主要産物である。首都はアブジャ。

B 主産業は農業であり，その中でもカカオは世界有数の生産量と輸出量を誇る。鉱業では金やマンガン，ダイヤモンドの産出もある。首都はアクラ。

C 中心産業は農業であり，主要農産物はコーヒー・茶・サイザル麻など。その他，野生動物が目玉である観光が経済の支えになっている。首都はナイロビ。

	A	B	C
①	アルジェリア	ガーナ	ケニア
②	ナイジェリア	ギニア	エチオピア
③	アルジェリア	ギニア	エチオピア
④	ナイジェリア	ガーナ	ケニア
⑤	アルジェリア	ガーナ	エチオピア

下図は，アフリカとその周辺地域の地図である。地図中のA～Eとその説明の組合せとして最も妥当なものは，次のうちどれか。

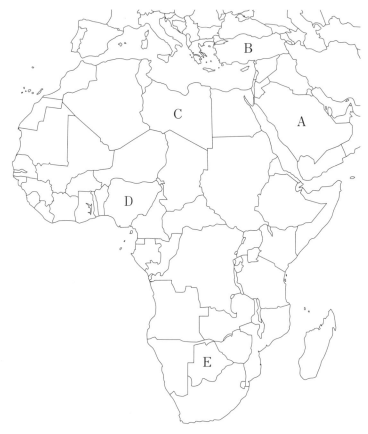

①　Aの国は政教一致の君主制を採る王国であり，世界最大級の石油埋蔵量を誇る。

②　Bの国は1990年，隣国に軍事侵攻を行い，それが原因となって湾岸戦争が勃発した。

③　Cの国は第3次中東戦争の敗北によってシナイ半島を失ったが，その後回復した。

④　Dの国は赤道直下の国であり，主要産業は農業や観光業である。

⑤　Eの国は1980年代までアパルトヘイトと呼ばれる人種隔離政策を採っていた。

No.22

(解答 ▶ P.50)

ヨーロッパ諸国に関する記述ア～エと国名の組合せとして，最も妥当なのはどれか。

ア　山地と丘陵が国土の約80％を占め，多数の火山がある。気候は北部は温暖湿潤気候(Cfa)となっているが，半島部や島しょ部は典型的な地中海性気候（Cs）である。

イ　西ヨーロッパの中央部にあって最大の面積を有し，国土の大部分は肥沃な平坦地である。また北部の盆地にはケスタと呼ばれる丘陵が見られる。

ウ　西海岸にはフィヨルドが発達している。耕地は3％未満で森林や荒れ地が多いが，北海や北東大西洋の漁場に恵まれており，水産業が発達している。

エ　国土の4分の1が海面より低いポルダーと呼ばれる干拓地である。酪農や園芸農業など集約的で生産性の高い農牧業が行われている。

	ア	イ	ウ	エ
①	スペイン	フランス	ノルウェー	オランダ
②	スペイン	イギリス	スウェーデン	デンマーク
③	イタリア	フランス	ノルウェー	オランダ
④	イタリア	フランス	スウェーデン	デンマーク
⑤	イタリア	イギリス	フィンランド	オランダ

No.23

(解答 ▶ P.50)

以下のヨーロッパ各国に関する記述のうち，誤っているものはどれか。

① イギリスは伝統的な工業国で，ランカシャーの綿工業やヨークシャーの羊毛工業が有名である。

② フランスはヨーロッパ最大の農業国で，小麦やぶどう（ワイン）などの食料品を主にEU諸国に輸出している。

③ ドイツにおける工業は，ルール炭田やザール炭田を背景にした重化学工業が中心である。

④ イタリアの北部は地中海性気候（Cs）であり，小麦や米，大豆などの生産が多い。

⑤ スペインはオリンピックを契機に経済発展をし，重化学工業の中心はバルセロナである。

(解答 ▸ P.50)

北米の農業に関する記述で妥当なものの組合せはどれか。

A　農業人口は少ないが，大規模経営で高い生産性を誇る。

B　長年穀物メジャーと呼ばれる少数企業が流通を支配していたが，近年ではネット取引を利用した直売方式が一般化して，メジャーの影響は激減した。

C　生産性を追求しすぎたため，土壌侵食や塩害などが深刻化しつつある。

D　小麦生産が盛んな地域では，冬小麦と春小麦の二期作が一般的である。

①　A，B

②　A，C

③　B，C

④　B，D

⑤　A，C，D

 (解答 ▸ P.51)

次の　　　　　の中に入る適当な国名の組合せは次のうちどれか。

　南アメリカで，コーヒー豆，砂糖の生産が1位で，特にコーヒー豆の生産が世界1位であるのは　a　で，銅の産出が1位であるのは　b　である。

	a	b
①	ブラジル	ペルー
②	アルゼンチン	チリ
③	ブラジル	チリ
④	アルゼンチン	ブラジル
⑤	アルゼンチン	ペルー

No.26

（解答▶P.51）

以下の説明に当てはまる最も適当な国は，下のラテンアメリカの白地図にある①～⑤のどの国か。

　この国は，16世紀にスペインの植民地になったが，19世紀に独立した。世界でも有数の農牧業国としても知られている。その中心はパンパであり，小麦・トウモロコシ・大豆の栽培や肉牛・羊の放牧が大農場で行われていて，ここでの生産物はブエノスアイレスまで鉄道で運ばれて輸出される。

No.27

（解答▶P.51）

中南米に対する記述として妥当なのはどれか。

① 南米諸国は植民地としての歴史を持つが，ブラジル以外の地域はすべて旧スペイン領であった。

② 南米諸国は植民地時代の大規模農園が多く残るため，農産物や地下資源以外に目立った輸出品はない。

③ アルゼンチンは牧畜や小麦生産が盛んで，他の南米諸国と同様，アメリカ合衆国が主要な輸出先になっている。

④ パナマ運河はアメリカの資本や技術を導入して建設されたので，開通以来アメリカが管理を続けている。

⑤ 南米には明治時代より日本からの移民が多かったため，今日でもブラジルやペルーには日系人が多い。

以下の各文は，オーストラリアとニュージーランドについて書かれたものである。このうち，2つの国に共通していえることとして妥当なものはどれか。

① 先住民であるマオリ族と英国系住民が共存している。

② 英語が公用語である。

③ 国土の大半が西岸海洋性気候（Cfb）である。

④ 様々な地下資源がある。

⑤ 最大の輸出相手国は日本である。

オセアニアにある都市に関する以下の記述のうち，正しい記述を組み合わせているものはどれか。

A　ニューカレドニア島の中心都市ヌーメアは，火山島に位置する観光拠点であり，航空交通の中継地である。この島そのものはフランス領であり，代表的な輸出品としては，ニッケル鉱がある。

B　オークランドは，ニュージーランド北島の北部にあるこの国最大の都市であり，首都でもある。輸出農産物の集散地として有名で，ヨーロッパ系住民の他，先住民であるマオリ系住民も生活している。

C　メルボルンは，人口規模でいけばオーストラリア第二の都市ということができる。気候は西岸海洋性気候であり，植民地時代から政治・経済・文化の中心地として栄えた。また以前，首都だったこともある。

① A

② B

③ B・C

④ A・C

⑤ A・B・C

第6章 人口問題，都市問題，環境問題

No.1

(解答 ▶ P.52)

下の表は，世界をアジア，アフリカ，ヨーロッパ，北アメリカ，南アメリカ，オセアニアに分けた人口の推移を表したものである。このうち，アフリカに該当するものはどれか。

（単位：百万人）

	①	②	③	④	⑤	オセアニア
1960 年	1,708	277	148	604	287	16
1970 年	2,135	326	191	656	368	20
1980 年	2,638	376	241	693	483	23
1990 年	3,199	429	296	720	635	27
2000 年	3,741	486	348	726	811	31
2010 年	4,164	542	393	738	1,022	37
2020 年	4,641	592	431	748	1,341	43

No.2

(解答 ▶ P.52)

下の文章は，人口ピラミッドのある型について説明したものである。どの型の説明か，正しいものはどれか。

・出生率，死亡率共に低いが，特に出生率が低下している。

・人口減少型である。

・先進国に多く見られる。

① 富士山型

② つりがね型

③ つぼ型

④ ひょうたん型

⑤ 星型

（解答 ▶ P.52）

人口ピラミッドに関する以下の記述で，妥当なのはどれか。

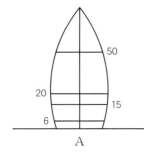 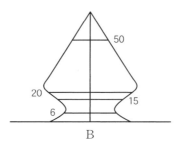

① Aの形態はつりがね型と呼ばれ，先進国で多く見られる。

② Aの形態はつぼ型と呼ばれ，発展途上国で多く見られる。

③ Aの形態はひょうたん型と呼ばれ，都市部に多く見られる。

④ Bの形態は星型と呼ばれ，都市部に多く見られる。

⑤ Bの形態はひょうたん型と呼ばれ，発展途上国に多く見られる。

 （解答 ▶ P.52）

人口ピラミッドの5類型に関する記述のうち，正しいのはどれか。

① 富士山型 ——— 幼年人口や老年人口に比べて生産年齢人口が多く，出生率は高いが乳幼児の死亡率も高い，人口減少タイプである。

② つりがね型 ——— 幼年人口と生産年齢人口の比率がほぼ同一で，出生人口が老年になるまで減少しない，少産少死の人口停滞タイプである。

③ つぼ型 ——— 生産年齢人口のとくに若い世代が多く，老年人口が少ない，大都市に見られるタイプである。

④ 星型 ——— 幼年人口が生産年齢人口のとくに若い世代に比べて少なく，出生率も大きく減少する。農村に見られるタイプである。

⑤ ひょうたん型 —— 若年層ほど人口が多く，年齢が上がるにつれて人口が減少する，人口増加タイプである。

No.5 （解答 ▶ P.52）

以下の人口ピラミッドはどこの国のものか。

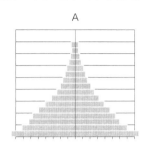
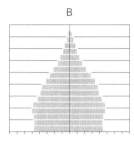
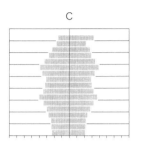

	A	B	C
①	日本	ブラジル	エチオピア
②	アメリカ	ブラジル	日本
③	エチオピア	ブラジル	日本
④	エチオピア	アメリカ	ブラジル
⑤	ブラジル	日本	アメリカ

No.6 （解答 ▶ P.52）

世界の人口に関する記述として，妥当なのはどれか。

① 世界の人口は，第一次世界大戦直後に，人口爆発が起こったことにより急激に増加し，80億人に達するのも時間の問題である。

② 世界の人口は，アジアが50％以上を占め，次いで南アメリカ，アフリカの順に多い。

③ 人口ピラミッドは，人口構成を年齢別，性別に表したものであり，先進国では富士山型となり，発展途上国ではつぼ型となる。

④ スウェーデンは，65歳以上の老年人口比率が15％に満たないが，高齢化のスピードが日本に比べ急激であり，社会保障の充実などの課題がある。

⑤ インドの人口増加率は中国を上回っており，現在は中国を抜いて世界第1位の人口を有している。

地球環境問題に関するA～Dの記述のうちには正しいものが二つあるが，それらはどれか。

A 酸性雨は硫酸や硝酸などを含んだ強い酸性の雨であり，森林枯死や遺跡・建築物などの腐食といった被害をもたらす。ヨーロッパや北米で問題化した。

B オゾン層破壊はフロンガスによって引き起こされ，有害な紫外線によって魚の大量死などが起こっている。北極の成層圏でオゾンホールが確認されて問題化し，国際条約によるフロンガスの規制が進んでいる。

C 地球温暖化とは，化石燃料の消費により発生した二酸化炭素をはじめメタンなどの温室効果ガスが引き起こす温室効果によって，気温が上昇することである。京都議定書で温室効果ガスの排出削減目標が定められるなど，対策が講じられている。

D 砂漠化とは土地が砂漠のような不毛な状態になることをいい，植生の減少や土壌の塩化などが見られる。その原因としては，過放牧や過耕作といった人為的要因よりも，大気汚染といった自然的要因のほうが大きいとされる。

① A，B

② A，C

③ A，D

④ B，D

⑤ C，D

第7章 日本の地誌

No.1

（解答▶P.53）

日本の都道府県と県庁所在地の組合せとして適当なものは，次のうちどれか。

① 三重県 ── 大津市

② 栃木県 ── 宇都宮市

③ 茨城県 ── 前橋市

④ 岩手県 ── 仙台市

⑤ 秋田県 ── 盛岡市

No.2

（解答▶P.53）

次に日本の地域・産業・気候等の特徴が述べられているが，この中で正しいのはどれか。

① 東京都と大阪府では土地面積は大阪府の方が大きい。

② 瀬戸内海の気候は気候区分に従えば，地中海性気候である。

③ 日本の発電量は火力→原子力→水力の順で多い。

④ 国内における自動車生産は東海地区に集中しており，他の地区では見られない。

⑤ 会津盆地はフォッサマグナに沿った盆地で，わさび栽培で有名な安曇野がある。

No.3

（解答▶P.53）

日本の農業と林業について，誤っている記述はどれか。

① わが国では農家の経営面積が小さいので，集約的農業に専念しないと生活できないため主業農家は少なく，全農家の20％程度である。

② わが国では狭い土地から多くの収穫を得ようと多肥集約的な経営が行われて，土地生産性，労働生産性は高いが，農業労働力の老齢化で質的生産性は低下している。

③ わが国の農家は全般的に小規模で，1戸あたりの平均耕地面積は1ha余りである。

④ わが国の農業は古来から米作を中心に発展してきた。全農家の50％以上が米作を行っており，稲作の90％以上は水稲である。

⑤ わが国の国土の約65％は森林で，恵まれた資源の一つである。そのため木材の供給は豊富で外国からの輸入はほとんどない。

下のグラフは，仙台，金沢，那覇の降水量を表したものである。それぞれの組合せとして正しいものは，次のうちどれか。

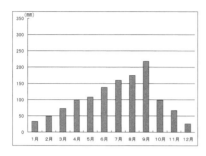

A

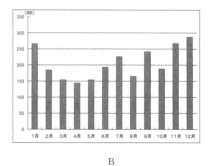

B

C

	A	B	C
①	金沢	仙台	那覇
②	仙台	金沢	那覇
③	仙台	那覇	金沢
④	那覇	金沢	仙台
⑤	那覇	仙台	金沢

No.5

（解答▶P.54）

以下の表は，日本における小麦，牛肉，木材の主要な輸入相手国と金額による割合を表したものである（2018年データ）。A～Cに該当する項目の組合せとして正しいものは，次のうちどれか。

A		B		C	
カナダ	27.8%	アメリカ	48.3%	オーストラリア	49.1%
アメリカ	18.7%	カナダ	33.2%	アメリカ	43.1%
ロシア	12.2%	オーストラリア	16.7%	ニュージーランド	2.9%
フィンランド	8.0%	ウクライナ	1.0%	カナダ	2.7%
スウェーデン	6.6%	ロシア	0.6%	メキシコ	1.9%

	A	B	C
①	牛肉	小麦	木材
②	木材	牛肉	小麦
③	牛肉	木材	小麦
④	木材	小麦	牛肉
⑤	小麦	牛肉	木材

No.6

（解答▶P.54）

以下の文章に該当する工業地域として妥当なものは，次のうちどれか。

　古くから漁業が盛んであり，交通の要所でもあったことから，港町として栄えたところが多い。造船業や繊維業が営まれていたが，大戦後に沿岸部の埋め立てが進み，石油化学や鉄鋼などの重化学工業が発達した。代表的な工業都市に福山，呉，宇部などが挙げられる。

① 常磐工業地域

② 京浜工業地域

③ 東海工業地域

④ 瀬戸内工業地域

⑤ 北九州工業地域

No.7   (解答 ▶ P.54)

都市の機能による分類とそれに該当する日本の都市名の組合せとして妥当なものは，次のうちどれか。

① 商業都市 —————————— 銚子，釧路，焼津
② 住宅都市 —————————— 浦安，多摩，高槻
③ 宗教都市 —————————— 高崎，神戸，千歳
④ 学術都市 —————————— 奈良，軽井沢，逗子
⑤ 観光保養都市 ————————— 長野，成田，伊勢

No.8   (解答 ▶ P.54)

2019年7月現在で日本国内にある世界遺産の数と，語群から世界遺産に指定された対象のみを選んだものの組合せとして妥当なのはどれか。

語群

ア　釧路湿原　　イ　富士山　　ウ　中尊寺金色堂　　エ　富岡製糸場
オ　名古屋城　　カ　姫路城　　キ　原爆ドーム　　ク　屋久島

① 23カ所　イ・エ・カ・ク
② 23カ所　ア・イ・キ・ク
③ 21カ所　エ・カ・キ・ク
④ 20カ所　ア・ウ・オ・カ
⑤ 20カ所　エ・カ・キ・ク

MEMO

公務員試験

地方初級・国家一般職(高卒者)　問題集　人文科学　第4版

2013年3月1日　初　版　第1刷発行
2024年2月15日　第4版　第1刷発行

編 著 者	Ｔ Ａ Ｃ 株 式 会 社
	（出版事業部編集部）
発 行 者	多 　田 　敏 　男
発 行 所	Ｔ Ａ Ｃ株式会社　出版事業部
	（ＴＡＣ出版）

〒101-8383
東京都千代田区神田三崎町3-2-18
電話 03 (5276) 9492 (営業)
FAX 03 (5276) 9674
https://shuppan.tac-school.co.jp/

| 印　　刷 | 株 式 会 社 ワ コ ー |
| 製　　本 | 東 京 美 術 紙 工 協 業 組 合 |

Ⓒ TAC 2024　　　Printed in Japan　　　ISBN 978-4-300-11059-1
N.D.C. 317

TAC出版

(2021年7月現在)

書籍のご購入は

1 全国の書店、大学生協、ネット書店で

2 TAC各校の書籍コーナーで

資格の学校TACの校舎は全国に展開！
校舎のご確認はホームページにて

資格の学校TAC ホームページ
https://www.tac-school.co.jp

3 TAC出版書籍販売サイトで

CYBER TAC出版書籍販売サイト
BOOK STORE

24時間
ご注文
受付中

TAC 出版　で　検索

https://bookstore.tac-school.co.jp/

| 新刊情報を
いち早くチェック！ | たっぷり読める
立ち読み機能 | 学習お役立ちの
特設ページも充実！ |

TAC出版書籍販売サイト「サイバーブックストア」では、TAC出版および早稲田経営出版から刊行されている、すべての最新書籍をお取り扱いしています。
また、無料の会員登録をしていただくことで、会員様限定キャンペーンのほか、送料無料サービス、メールマガジン配信サービス、マイページのご利用など、うれしい特典がたくさん受けられます。

サイバーブックストア会員は、特典がいっぱい！(一部抜粋)

通常、1万円（税込）未満のご注文につきましては、送料・手数料として500円（全国一律・税込）頂戴しておりますが、1冊から無料となります。

専用の「マイページ」は、「購入履歴・配送状況の確認」のほか、「ほしいものリスト」や「マイフォルダ」など、便利な機能が満載です。

メールマガジンでは、キャンペーンやおすすめ書籍、新刊情報のほか、「電子ブック版TACNEWS（ダイジェスト版）」をお届けします。

書籍の発売を、販売開始当日にメールにてお知らせします。これなら買い忘れの心配もありません。

書籍の正誤に関するご確認とお問合せについて

書籍の記載内容に誤りではないかと思われる箇所がございましたら、以下の手順にてご確認とお問合せをしてくださいますよう、お願い申し上げます。

なお、正誤のお問合せ以外の**書籍内容に関する解説および受験指導などは、一切行っておりません。**
そのようなお問合せにつきましては、お答えいたしかねますので、あらかじめご了承ください。

1 「Cyber Book Store」にて正誤表を確認する

TAC出版書籍販売サイト「Cyber Book Store」の
トップページ内「正誤表」コーナーにて、正誤表をご確認ください。

CYBER TAC出版書籍販売サイト
BOOK STORE

URL：https://bookstore.tac-school.co.jp/

2 **1** の正誤表がない、あるいは正誤表に該当箇所の記載がない ⇒ 下記①、②のどちらかの方法で文書にて問合せをする

★ご注意ください★

お電話でのお問合せは、お受けいたしません。
①、②のどちらの方法でも、お問合せの際には、「お名前」とともに、
「対象の書籍名(○級・第○回対策も含む)およびその版数(第○版・○○年度版など)」
「お問合せ該当箇所の頁数と行数」
「誤りと思われる記載」
「正しいとお考えになる記載とその根拠」
を明記してください。
なお、回答までに1週間前後を要する場合もございます。あらかじめご了承ください。

① ウェブページ「Cyber Book Store」内の「お問合せフォーム」より問合せをする

【お問合せフォームアドレス】

https://bookstore.tac-school.co.jp/inquiry/

② メールにより問合せをする

【メール宛先　TAC出版】

syuppan-h@tac-school.co.jp

※土日祝日はお問合せ対応をおこなっておりません。
※正誤のお問合せ対応は、該当書籍の改訂版刊行月末日までといたします。

乱丁・落丁による交換は、該当書籍の改訂版刊行月末日までといたします。なお、書籍の在庫状況等により、お受けできない場合もございます。
また、各種本試験の実施の延期、中止を理由とした本書の返品はお受けいたしません。返金もいたしかねますので、あらかじめご了承くださいますようお願い申し上げます。

(2022年7月現在)

解答・解説

人文科学

Humanities

TAC出版編集部編

問題集

TAC出版

TAC PUBLISHING Group

‖目‖次‖

第1編　日本史

第1章　旧石器時代〜推古朝

（問題，本文2ページ）

No.1

ア　×　旧石器時代（先土器文化）は土器の生産はなかったが，火は使用した。

イ　○　縄文時代は狩猟だけでなく，漁労や採取も行われていた。

ウ　×　埴輪の出現は古墳時代である。

エ　×　土師器は弥生系の土器である。朝鮮半島からの渡来人によって灰色で硬質の須恵器が生産された。

オ　×　乾漆像や塑像は奈良時代の天平文化に作られた。飛鳥文化は中国の南北朝時代の文化の影響を受け，仏像は金銅像が作られた。

カ　○　調は地方の特産物を納めるもので，中央政府の財源の一つであった。

キ　×　条坊制は碁盤目状の都市区画のこと。田地の整然とした区画は条里制。二毛作の発達は鎌倉時代から。

よって，正解はイ・カである。

答　⑤

No.2

弥生文化は水稲耕作を基礎として成立した文化である。したがって稲作が伝播した西日本から広まっていった。青銅製の金属器が使用されており，弥生式土器は明るい褐色で，縄文土器よりも薄手で硬いことからも，一定の技術の進歩を見ることができる。

答　②

No.3

A：推古天皇

B：冠位十二階の制

C：遣隋使

D：法隆寺

答　①

第2章　律令国家の形成〜奈良時代

（問題，本文4ページ）

No.1

大化の改新後，租庸調などの税制が定められた。

答　④

No.2

A　称徳天皇（764〜770年に在位）は，孝謙天皇（749〜758年に在位）が重祚（一度退位した皇帝がもう一度皇帝の座に着くこと）したもの。奈良時代末期に寺院の勢力が政治に介入したことを嫌い，桓武天皇は平安京への遷都を試みた。

B　平城京への遷都は710年。

C　皇極天皇在位中の645年，大化の改新が始まる。

D　推古天皇が聖徳太子を摂政に就けたのは593年である。

E　672年の壬申の乱を経て即位したのが天武天皇で，持統天皇はその次の代の天皇である。

F　養老律令は718年に完成する。

よって，D→C→E→B→F→Aの順。

答　⑤

No.3

①　×　大化の改新で倒されたのは，蘇我氏（蝦夷・入鹿父子）である。

②　×　律令国家は公地公民を原則とする。したがって，それまで私有されていた土地や人民は国家のものとなっている。

③　○　国司は中央の貴族が赴任し，郡司は在地の豪族などが任命され，国司に協力して地方を治めた。

④　×　冠位十二階の制や憲法十七条を定めたのは，聖徳太子。天武天皇ではない。

⑤　×　農民には租・庸・調のほか，労役（雑

（徭）や兵役が課せられた。

答　③

No.4

① 　×　天武天皇（673～686 年に在位）について の記述である。

② 　×　元明天皇（707～715 年に在位）について の記述である。

③ 　×　聖武天皇（724～749 年に在位）について の記述である。

④ 　×　桓武天皇（781～806 年に在位）について の記述である。

⑤ 　○　正しい。嵯峨天皇は 809～823 年に在位した。

答　⑤

No.5

① 　×　正しい。国司の任期は 6 年，後に 4 年となった。

② 　×　正しい。郡司は郡内の行政に当たった。

③ 　○　誤り。九州には外交・国防のため大宰府を設置。鎮守府は後に蝦夷支配のために陸奥国に置かれた軍政府。

④ 　×　正しい。畿内は山城・大和・摂津・河内・和泉の五カ国。七道は他に山陰道・山陽道・東山道・東海道がある。

⑤ 　×　正しい。

答　③

No.6

① 　×　646 年の大化の薄葬令以降，大規模な古墳の築造は制限された。

② 　×　口分田は 6 歳以上の男女に班給された。官人には位田・職田なども支給された。

③ 　×　市は毎日開かれた。定期市は鎌倉時代から発達した。

④ 　×　市での交易に身分の制限はなかった。

⑤ 　○　興福寺は多数の荘園や僧兵を有して，延暦寺とともに南都・北嶺といわれた。

答　⑤

第 3 章　平安時代

（問題，本文 6 ページ）

No.1

① 　×　班田収授法の成立は 7 世紀末～8 世紀初である。

② 　×　天台宗を伝え，比叡山延暦寺を建てたのが最澄。真言宗を伝え，金剛峰寺を建てたのが空海。

④ 　×　「前九年の役」は，陸奥の土豪安倍頼時を，源頼義・義家が滅ぼした戦い。「後三年の役」は，前九年の役以降，陸奥・出羽で大きな勢力を得た清原氏一族の内紛に対し，源義家が介入してこれを平定した戦い。いずれも藤原氏が実権を取り戻そうとして起こしたものではないし，鎮圧したのは平氏ではなく源氏である。

⑤ 　×　平清盛が行ったのは，宋との貿易（日宋貿易）。

答　③

No.2

「阿衡の紛議（事件）」と呼ばれる。二度目の詔勅に「阿衡の任につける」とあった一文に対して，基経が「阿衡は位は高いが職掌がない」として怒ったことから，この事件が起こった。

答　④

No.3

A：応天門の変…866 年

B：阿衡の紛議…887 年

C：承和の変…842 年

D：安和の変…969 年

よって，C→A→B→D の順

答　⑤

No.4

① 　×　すでに中尊寺金色堂が現在の岩手県に存在していたことから，浄土教が東北地方まで広まっていたことが分かる。

② 　×　国司は中央から派遣された貴族がつとめた。受領が現地で武士団を組織するこ

とはあるが，土着武士が国司になることはなかった。

③　×　醍醐天皇の時代に延喜の荘園整理令が出された頃に班田が行われているが（10世紀初頭），史料ではその後の班田実施を確認できていない。

④　×　幼少や病気の天皇に代わって政務を処理するのが摂政，天皇を補佐し政務に関与するのが関白である。

⑤　○　紫式部は父・藤原為時が式部省の役人であったことにちなむ。また清少納言も，父・藤原元輔の名前と官職にちなむ。

答　⑤

No.5

藤原四家とは，藤原不比等の4子が興した北家，南家，式家，京家の4つの家のことであり，嵯峨天皇の信任があつく皇室と姻戚関係を結んだ藤原冬嗣が北家だったことから，北家が勢力を伸ばした。

答　①

No.6

①　○　誤り。摂政関白の常置は藤原実頼以後である。

②　×　正しい。当時の貴族の結婚形態は夫が妻の実家で生活する招婿婚が一般的だった。

③　×　正しい。

④　×　正しい。漢文編年体の正史に代わり，このような和文体の歴史物語が書かれた。

⑤　×　正しい。

答　①

No.7

藤原氏の摂関政治に対抗し，朝廷の権力を回復するため白河天皇は退位して白河上皇となり，院庁を設置し，政治を行った。これが院政であり，平氏滅亡（1185年）まで続いた。

答　③

No.8

②　×　平治の乱：1159年に起こった，藤原信頼と結んだ源義朝と，藤原通憲（信西）と結んだ平清盛との争い。これにより平清盛の全盛期になった。

③　×　安和の変：969年，左大臣だった源高明を藤原氏が失脚させた事件。

④　×　弘安の役：1281年の2度目の蒙古襲来。

⑤　×　承和の変：842年，皇太子恒貞親王を奉じて伴健岑・橘逸勢らが謀反を企てたという理由で流罪になり，皇太子は廃された。

答　①

No.9

A：保元の乱…1156年

B：後三年の役…1083～87年

C：平治の乱…1159年

したがって，B→A→Cの順。

答　③

No.10

①　×　淳足柵・磐舟柵が築かれたのは7世紀半ばの大化の改新の頃。

②　×　蔵人頭に任命されたのは藤原北家の藤原冬嗣。

③　×　菅原道真を登用したのは宇多天皇。

④　×　源義家は陸奥守。

答　⑤

第4章　鎌倉時代

（問題，本文 10 ページ）

No.1
① × 江戸時代，臨時に設置された幕府の最高職。
② × 後三条天皇や後醍醐天皇が設置。荘園整理や重要政務を担当した。
③ × 江戸幕府の重要訴訟裁決機関。
④ ○ 訴訟・裁判事務を担当した。
⑤ × 建武政府で所領関係の訴訟を担当した。

答　④

No.2
① 御家人の統率や軍事・警察を担当。
② 御家人が行った皇居や京都の警備のこと。
③④ 一般政務機関。当初公文所と呼ばれていたが，政所に改称された。

答　⑤

No.3
① × 御家人の統率や軍事，警察の職務に当たったのは侍所。
② × 一般政務や財務事務を扱ったのは政所。
④ × 鎮西奉行は九州の御家人統率と軍事警察任務を司った地方行政機関。
⑤ × 鎌倉幕府で訴訟・裁判関係を扱ったのは問注所。

答　③

No.4
① × 豊臣時代（1588 年）
② × 江戸時代（1789 年）
③ ○ 鎌倉時代（1232 年）
④ × 江戸時代（1715 年）
⑤ × 明治時代（1868 年）

答　③

No.5
① × 承久の乱を起こしたのは後鳥羽上皇。
② × 承久の乱後に京都に置かれたのは六波羅探題。
③ × 御成敗式目を制定したのは 3 代執権北条泰時。
④ × 明ではなく元。（文永の役，弘安の役を「元寇」とよぶことからも分かる。）

答　⑤

No.6
① × 北条時頼は前将軍藤原頼経を追放して，やがて宗尊親王（皇族将軍）を迎えた。
② × 引付衆は判決原案を作成して評定衆を補佐した。北条時頼が設置。
③ × 合議制の政治により幕府は安定した。
④ × 西国の御家人統轄・朝廷の監視に当たる六波羅探題は 1221 年設置。御成敗式目（貞永式目）制定は 1232 年。
⑤ ○ 得宗専制政治に対する不満も高まった。

答　⑤

No.7
② × 題目唱和は法華宗（日蓮宗）の教義。
③ × 『歎異抄』は親鸞の弟子唯円が書いたもの。また悪人正機説は浄土真宗の教義。
④ × 臨済宗の開祖は栄西。『興禅護国論』は栄西著。無学祖元は南宋の禅僧。
⑤ × 曹洞宗の開祖は道元。『正法眼蔵』は道元著。

答　①

第5章　建武の新政～室町時代（～応仁の乱）

（問題，本文12ページ）

No.1

① ○　その他に恩賞方，武者所を設置した。

② ×　羽州探題・九州探題の設置は室町幕府である。このほか，陸奥に陸奥将軍府，関東に鎌倉将軍府を設置した。

③ ×　建武式目の制定（1336年）は足利尊氏である。

④ ×　鎌倉府の設置は室町幕府であり，成良親王・足利直義を派遣して鎌倉将軍府を開設した。

⑤ ×　後醍醐天皇は，幕府・院政・摂政・関白を否定して天皇親政を目指した。

答　①

No.2

⑤　徳政一揆とは，徳政（債権・債務の破棄）の発令を求める土一揆のこと。義満の時代には起こっていない。

答　⑤

No.3

本願寺門徒の一揆を「一向一揆」というところから，加賀の一向一揆であると分かる。

答　⑤

No.4

幕府の重要職だった管領や侍所の所司（長官）には有力守護が任じられていたが，そのため室町幕府は「有力守護による連合政権」ともいえ，安定した政権運営ができなかった。

答　①

No.5

① ×　室町時代のいわゆる「日明貿易」は，足利義満が明に使者を派遣して国交を開いた後，朝貢貿易の形で行われた。また「宋銭」は，平安末期に行われた「日宋貿易」によって入ってきたもので，この時代ではない。

② ×　これは鎌倉幕府のことを述べている。

③ ×　執権は鎌倉時代の役職。「得宗」は北条氏の嫡流の惣領家（当主）のことで，得宗が実権を握って内管領，御内人による寄合で政治が決裁された。

⑤ ×　九州探題と鎌倉府は室町時代のものだが，六波羅探題は鎌倉時代（承久の乱後）に設置された。

答　④

No.6

① ×　問丸は鎌倉時代の運送業者である。室町時代は馬借・車借。

② ○　石清水八幡宮を本所とし末社の離宮八幡宮に所属した大山崎の油座などが有名。

③ ×　官設の東西の市は平安時代に衰退した。

④ ×　鎌倉時代は月3回開催の三斎市が普通であった。

⑤ ×　撰銭令は一定の悪銭の流通を禁止し，悪銭と良銭の交換比率を定めたものだが，室町幕府は貨幣を鋳造しなかった。

答　②

第6章　戦国時代〜桃山（織豊政権）時代

（問題，本文 14 ページ）

No.1

① × 戦国大名は，応仁の乱後の戦乱と下剋上の風潮の中から，守護代や国人が守護大名に代わって台頭してきた者が多い。

③ × 兵農分離，身分制の固定を行ったのは豊臣秀吉である。

④ × 逆に，楽市や楽座を実施して，新興商人を保護し城下町の繁栄を図った。

⑤ × 貫高は土地の年貢徴収を銭換算したもので，戦国時代，主に関東で普及した。貫高制を，検地によって石高制に改めたのが豊臣秀吉である。

答　②

No.2

宗教改革に対し，旧教（カトリック）の活動の中心になったのはイエズス会であった。イエズス会はポルトガル，イスパニアと結んでローマ教皇を支持し，東洋への布教活動に乗り出した。

答　①

No.3

① × 織田信長に関する記述である。

② × 江戸は直轄領ではない。

③ × 武家諸法度は徳川幕府の大名統制のための法である。

④ × 豊臣秀吉が後陽成天皇を迎えたのは京都に新築した聚楽第であった。

⑤ ○ 太閤検地では，田畑などに等級を付けその生産力を米であらわしたものを石盛とし，これに面積を乗じた量を石高とした。

答　⑤

No.4

A：種子島＝ウ

B：那覇＝エ

C：博多＝イ

よって，正解は④である。

答　④

No.5

① × 平家によって焼打ちされたのは東大寺，興福寺（南都焼打ち）。また定朝は平安中期の仏師。

② × 足利尊氏は後醍醐天皇の冥福を祈るため天竜寺建立を計画し，造営費の調達のため天竜寺船を元に派遣した。

④ × 織田信長は比叡山延暦寺を焼打ちし，一向一揆を弾圧した。

⑤ × バテレン追放令を発令したのは豊臣秀吉。禁教令を制定したのは徳川秀忠。

答　③

第7章　江戸時代（初期〜三大改革）

（問題，本文 16 ページ）

No.1

④が正しい。

他は豊臣秀吉の行った政策である。

答　④

No.2

① ×　分地制限令は 1673 年に発令された，農民の零細化防止政策である。

③ ×　1615 年に幕府が出した，朝廷や公家に対する統制令である。

④ ×　禁教政策の徹底のために作られた帳簿であり，家族ごとに宗旨と檀那寺を記載されている。

⑤ ×　1868 年に明治政府が出した，新政府の基本方針である。

答　②

No.3

④　若年寄は老中の補佐役であり旗本，御家人支配のための常置職である。一方で，大老は常置職ではない。

答　④

No.4

① ×　大老は必要に応じて設置された臨時職。

② ×　大老は 10 万石以上の譜代大名より選任。

③ ×　老中は 2 万 5000 石以上の譜代大名より選任。

④ ○　老中は 4 〜 5 名で構成され月番制。

⑤ ×　若年寄は老中補佐の職で譜代大名より選任。

答　④

No.5

五街道とは東海道，中山道，甲州街道，奥州街道，日光街道の 5 つである。これら五街道を本街道とし，それ以外の街道を脇街道と称した。

答　③

No.6

① ×　貝原益軒の本草書。本草書とは本草学（中国から伝わった薬物学）の解説書。

② ×　新井白石著。

③ ×　吉田光由の和算書。

④ ○　林羅山，鵞峰父子が幕命により編集した歴史書である。

⑤ ×　渋川春海が編修した暦。

答　④

No.7

A：バテレン追放令発布…1587 年

B：元和の大殉教…1622 年

C：宗門改役設置…1640 年

D：禁教令発布…1612 年

E：島原・天草一揆…1637 〜 38 年

よって，A→D→B→E→C の順。

答　③

No.8

鎖国の原因は，キリスト教徒の結束を恐れ，キリスト教を排除しようとしたことと，貿易による大名の富強化を恐れたことである。

答　④

No.9

① ×　徳川家康の直系一門である親藩は紀伊・水戸・尾張などに，譜代大名は要所に置かれた。外様のそばには譜代が必ず置かれていた。

② ×　将軍にお目見えを許されていたのは旗本であって，御家人ではない。

③ ×　老中の下に大目付が置かれたのは正しいが，目付は若年寄の下に置かれた。

④ ×　大坂城代は大坂夏の陣の後に置かれた。

答　⑤

No.10

② ×　これは楽市・楽座（楽市令）の説明である。

③ ×　廻船は室町時代において海上輸送などを行う船のこと。江戸時代には，菱垣廻

船や樽廻船が海運を担った。馬借や車借は，中世における陸上交通の担い手であった。

④　×　これは松方財政（明治時代）の説明である。

⑤　×　為替が始まったのは13世紀ごろである。借上という高利貸も鎌倉時代から登場しており，江戸時代の記述とは言えない。

答　①

No.11

A：海舶互市新例　…1715年
B：『公事方御定書』…1742年
C：人返しの法　…1843年
D：異国船打払令　…1825年
E：旧里帰農令　…1790年

したがって，A→B→E→D→Cの順。

答　②

No.12

①　×　正徳の治の中心人物は新井白石や間部詮房。またこの時鋳造したのは正徳小判。

③　×　田沼意次の政治を安永の改革とはいわない。また公事方御定書は享保の改革。

④　×　人返しの法は天保の改革。

⑤　×　人足寄場の設置は寛政の改革。

答　②

No.13

①　×　天保の改革の内容である。

②　×　享保の改革の内容である。

③　×　正徳の治の内容である。

⑤　×　天保の改革の内容である。

答　④

No.14

田沼意次についての記述を選べばよい。

①　×　正しい　田沼意次は印旛沼・手賀沼の干拓を企てた。

②　×　正しい。農本主義中心の考え方から，商業資本を利用して幕府経済を転換させた。

③　×　正しい。幕府の収入増大と貿易統制のために幕府直営の座を設けて専売とした。

④　○　誤り。寛政の改革時の松平定信の政策である。

⑤　×　正しい。田沼意次は株仲間を積極的に公認した。

答　④

No.15

19世紀半ばの幕政改革は「天保の改革」である。

①　×　松平定信の寛政の改革では旧里帰農令であるが，天保の改革では人返しの法。

②　×　旗本・御家人の負債の解消は棄捐令である。株仲間の解散と直接的な関係はない。

③　×　上知令の目的は天領（幕府領）化による財政の安定と幕府権力の強化。旗本に配分することを目的とはしていない。

④　○　アヘン戦争は1840年。天保の薪水給与令は1842年。

⑤　×　林子平の処罰は寛政の改革。

答　④

No.16

A　囲米の制は，飢饉に備えた米の備蓄が目的。寛政の改革。

B　目安箱は幕府への要望を投書できる仕組みのことで，享保の改革で取り入れられた。

C　棄捐令は旗本・御家人を救済するため，札差の借金を破棄させた命令。寛政の改革で出されたものが有名（天保の改革時にも類似法が出された）。

D　出版統制は寛政・天保の改革で行われている。黄表紙・洒落本の弾圧は寛政の改革。

E　石川島人足寄場は，飢饉を逃れようと都市に出てきた無宿者が治安を乱すことが多かった寛政期に設置。職業訓練所を兼ねた。

F　株仲間は江戸時代中期に作られた商人の同業者組合。天保の改革で廃止された。

G　印旛沼の干拓は田沼時代と天保の改革で行われた。

よって，正解は③である。

答　③

第8章　江戸末期

（問題，本文 22 ページ）

No.1

1792 年に皇帝エカチェリーナ 2 世の使節ラックスマンが根室に来航し，通商を求めたのが最初である。

アメリカは 1853 年，ペリーが特使として浦賀に入港。開国を迫った。

また，オランダは 1844 年，国王ウィレム 2 世が将軍家慶へ開国勧告を出している。

答　②

No.2

① 日米和親条約…………1854 年
② 日米修好通商条約……1858 年
③ 日英通商航海条約……1894 年
④ 日露協約………………1907 年
⑤ 日朝修好条規…………1876 年

答　①

No.3

②が正しい。

残りは日米修好通商条約での条項である。

答　②

No.4

① ○　誤り。関税率の決定が相互の協定で決定するため，関税自主権を持たない不平等条約であった。
② ×　正しい。アメリカの領事がアメリカの法で裁判をする領事裁判権を認めた。
③ ×　正しい。アメリカに対して一方的最恵国待遇を認めていた。
④ ×　正しい。条約では神奈川とあるが隣の横浜に変えられ，兵庫は実際には神戸港が開港された。
⑤ ×　正しい。新見正興を遣米使節の正使として派遣し，随行艦咸臨丸に勝海舟が乗船した。

答　①

No.5

A：坂下門外の変…1862 年
B：安政の大獄　…1858 年
C：日米和親条約…1854 年
D：桜田門外の変…1860 年
E：長州征伐　　…1864 年と 1866 年
よって，C→B→D→A→Eの順。

答　②

No.6

① ×　安政の大獄を断行した大老は井伊直弼。
② ×　井伊直弼が暗殺されたのは桜田門外の変。
③ ×　薩摩や会津の公武合体派が尊王攘夷派の長州を京都から追放した。
⑤ ×　中岡慎太郎と坂本龍馬はいずれも土佐。この 2 人の尽力によって薩長同盟が結ばれた。

答　④

No.7

① ×　これは坂下門外の変について書かれたもの。
② ×　薩摩・会津などの公武合体派が，長州藩を主体とする尊王攘夷派を京都から追放した。
③ ×　これは池田屋事件について書かれたもの。なお「禁門の変」は「蛤御門の変」の別称。
⑤ ×　山内豊信は土佐藩主。ここに当てはまる人物は高杉晋作。また，第二次長州征討は勅許を得て行われた。

答　④

No.8

① ×　1853 年の来航の際，幕府は回答を翌年に約し，一応日本を去らせた。翌年，条約の締結を強硬に迫られ，日米和親条約を結んだ。
② ×　品川の台場は，大砲の砲台を据え付けるために整備された。
③ ×　日米和親条約では，下田と箱館の二

港が開かれた。

⑤　×　イギリス公使館に勤めたアーネスト・サトウは，『一外交官の見た明治維新』を著した。日本に着任後まもなく生麦事件が起こり，著書に顛末の記述もある。

答　④

（問題，本文25ページ）

No.1

五箇条の御誓文は，明治天皇が神に誓う形で発布された。神道的思想であった。

答　②

No.2

②　×　「新平民」などの新たな差別語が使われたことからも分かるように，差別が解消したとはいえない。

③　×　旧藩主が知藩事に任命されたのは，版籍奉還のとき。知藩事は廃藩置県によって廃止された。

④　×　佐渡金山や江戸関口大砲製作所（東京砲兵工廠）は官営鉱山や官営工場となった。政商が経営するのは，払い下げられた後。

⑤　×　徴兵は満20歳以上の男性を対象としていた。

答　①

No.3

①　×　五榜の掲示は人民の心得を表す，民衆統制のための法令。これは五箇条の誓文の説明。

②　×　これは版籍奉還の説明。

③　×　1873年に出された徴兵令は，満20歳以上の男性に兵役を課したもので，兵役免除規定もあった。

④　×　地租改正条例では，地価の3％の地租を金納することを定めた。

答　⑤

No.4

①　×　さらにその後，卒族が廃止された。そのため，平民は全人口の90％以上を占めていた。

②　○　華士族には減額されていたが家禄が支給され，政府支出の30％以上を占めていた。

③　×　家禄の全廃後に農工商に転じた士族

は失敗して没落した者も多かった。

④　×　1873 年地租改正を実施した。

⑤　×　官営工場はヨーロッパの先進技術の導入により，民間の企業家に模範を提供した。

答　②

No.5

地租改正によって地券が発行され，課税対象者である土地所有者（地主・自作農）と小作農が明らかになった。また，松方財政によるデフレ策によって，農業生産物が暴落し，地租が払えない農民は小作化した。

そのような中で，自らは農業経営を行わないが，小作人からの小作料に依存する寄生地主が増えていった。

答　④

No.6

付加的理由は色々いわれているが，根本的には武士の生活基盤が失われたことに端を発する。

中・下層武士階級の生活手段（就職）がなくなったことが最大の原因である。

農民・商人など（いわゆる一般庶民）は乱に結集されることはなかった。

答　②

No.7

A　「版（土地）と籍（人民）の返上」は，版籍奉還のことである。これを建議したのは大久保利通・木戸孝允ら。したがって，（ア）は木戸孝允である。

B　郵便制度は，前島密の立案により 1871 年から創業した。よって，（イ）は前島密である。

C　この遣外使節は大使に岩倉具視，副使に木戸孝允，大久保利通，伊藤博文，山口尚芳という一行だった。したがって，（ウ）は岩倉具視である。

D　奇兵隊を率いて倒幕に活躍した長州藩士は山県有朋。よって，（エ）は山県有朋である。

以上から，⑤が正しい。

答　⑤

No.8

「民撰議院設立建白書の提出」，「自由党を結党して総裁に」などの記述から，板垣退助であることが分かる。

答　③

No.9

①　×　政府は御用金を基盤に不換紙幣を発行した。

②　×　1871 年の新貨条例で円・銭・厘の十進法を単位とした貨幣を発行した。

③　×　1897 年貨幣法により金本位制となったが第一次世界大戦で兌換停止，1930 年に金解禁を行った。

④　○　1882 年日本銀行設立によって国立銀行券から銀兌換の日本銀行券になった。

⑤　×　貨幣法制定は日清戦争後である。

答　④

No.10

天津条約は，壬午事変と甲申事変によって日清両国の衝突の危機が強まったため，伊藤博文が天津に赴いて李鴻章との間で成立させた条約。アロー戦争時に結ばれた天津条約とは別条約。

答　⑤

No.11

下関条約により，日本は台湾・澎湖諸島を領有したが，遼東半島は三国干渉により返還した。

答　③

No.12

①　×　正しい。ベルツはドイツ人医師である。

②　×　正しい。フェノロサはアメリカ人の哲学教授で日本美術を高く評価し，岡倉天心とともに東京美術学校設立に努力した。

③　×　正しい。モースはアメリカ人動物学

者。大森貝塚を発見した。

④　×　正しい。ナウマンはドイツ人地質学者である。

⑤　○　誤り。シュタインはウィーン大学教授で，伊藤博文にプロイセン憲法を教授したが，来日はしていない。

答　⑤

第10章　明治中期〜太平洋戦争

（問題，本文30ページ）

No.1

A　○　1900年に起こった義和団の乱鎮圧のために行ったのが北清事変。北清事変後，ロシアが満州に兵力をとどめていたことから，日本との間に摩擦が生じ，日露戦争に至った。

B　×　二十一カ条の要求は，1915年袁世凱政府に行った日本による中国での利権拡大要求。遼東半島や台湾の割譲は，日清戦争後の下関条約で締結されたものである。下関条約に対して，ロシア，ドイツ，フランスは遼東半島の返還を要求する三国干渉を行った。

C　○　このアメリカ大統領は，セオドア＝ローズヴェルト。

D　×　船成金は，第一次世界大戦中の世界的な船不足により，莫大な利益を受けた海運業者のこと。また米騒動は，シベリア出兵にあたり米価上昇に対して富山県の主婦が中心となって起こしたものである。金融恐慌は1927年のことであり，いずれも日露戦争に関するものではない。

よって，AとCとなる。

答　②

No.2

①　×　正しい。ポーツマス条約はセオドア＝ローズヴェルト大統領が仲介した。

②　×　正しい。ロシアは日本の韓国に対する指導・監督権を認めた。

③　×　正しい。長春以南の鉄道と付属地・鉱山などは後に南満州鉄道株式会社が経営した。

④　×　正しい。他に沿海州とカムチャツカの漁業権を日本に認めた。

⑤　○　誤り。ポーツマス条約で日本は賠償金を全く得られなかった。また，講和反対の国民大会が開かれたのは，日比谷公園である。

答　⑤

No.3

A　日露戦争の後に起こった日比谷焼打ち事件のことである。

B　日露戦争のポーツマス条約では，賠償金は支払わないとされた。この点に不満の国民が暴動を起こすことになる。

C　日清戦争では，朝鮮の暴動鎮圧に端を発する戦争であったため，当初は朝鮮半島が戦場となった。戦局の進展により，戦場は黄海から遼東半島へと移動した。

D　日露戦争では，戦費の大半が国債でまかなわれた。特に国債の半分以上は外国が引き受けていた。

E　日露戦争では，内村鑑三や与謝野晶子が戦争に反対する行動を起こしている。

F　日清戦争の講和条約は下関で結ばれた。

G　日清戦争後に，ロシアが中心となり遼東半島の変換を要求する三国干渉があり，これが後の日露戦争の一因となった。

以上より，A，B，D，Eが日露戦争，C，F，Gが日清戦争。

答　③

No.4

①　×　日露戦争の講和条約（ポーツマス条約）では，ロシアからの賠償金は支払われなかった。また金本位制は，日清戦争後の賠償金をもとに確立された。

②　×　日清戦争後の下関条約では，賠償金の支払いがあった。支払いがなく，日比谷焼打ち事件が起こったのは，日露戦争後のこと。

③　×　日清戦争が東学党の乱をきっかけとして起きたのは事実だが，日英同盟は北清事変後，ロシアの南下策に対抗して結ばれた。

④　×　シベリア出兵はロシア革命で誕生したソヴィエト政権に対する干渉で，第一次世界大戦中に行われた。日清戦争後に起きた三国干渉とは関係がない。

⑤　○　義和団事件に対し，日本・ロシアを含む８カ国が出兵し，清国を降伏させた事件が北清事変で，このとき，ロシアが鎮圧の名目で満州を占領したのが，日露戦争の原因となった。

答　⑤

No.5

①　○　官営事業の払い下げは工場や鉱山を中心に1880年代から行われた。

②　×　三井・三菱などの財閥は1920年代までに持株会社をもったコンツェルンを形成した。

③　×　「船成金」が出現したのは第一次世界大戦中のこと。

④　×　日本産業・日本窒素肥料などの新興財閥の誕生とともに，日本製鉄のような半官半民の大製鉄会社も誕生した。

⑤　×　工業生産額が農業生産額を追い越したのは第一次世界大戦中の1918年である。

答　①

No.6

①　×　日本が参戦の理由にしたのは「三国同盟」ではなく，日英同盟である。

②　×　「孫文」ではなく袁世凱政府に，二十一カ条の要求を提出した。

③　○　戦後，中国山東省に対するドイツの権益や，赤道以北のドイツ領は，日本が引き継いだ。

④　×　シベリア出兵は，日本の「単独出兵」ではなく，アメリカ・イギリス・フランスと共同で行われた。

⑤　×　第一次世界大戦中の日本は大戦景気に沸いた。しかし大戦終了後は，その反動として戦後恐慌が起こった。

答　③

No.7

シベリア出兵が決定され，一部による米の投機的買占めが行われ，米価は急上昇した。これに怒った主婦達が富山県魚津港で蜂起したのがいわゆる米騒動である。

答　⑤

No.8

① × 正しい。陸相・海相・外相の他は立憲政友会の党員。

② ○ 誤り。選挙人資格を1919年直接国税3円以上の納税者に改正したが，普通選挙には反対した。

③ × 正しい。パリ講和会議は1919年。全権は前政友会総裁の西園寺公望。

④ × 正しい。三・一独立運動が1919年におこり，原敬内閣は強く弾圧した。

⑤ × 正しい。原敬は華族でも藩閥出身者でもなく衆議院に議席を持つので平民宰相と呼ばれた。

答 ②

No.9

② × 三菱などは明治時代からの伝統的財閥であり，大戦景気で当てた人々は成金と呼ばれた。新興財閥は満州事変の前後に頭角を現した，新しい財閥のこと。

③ × シベリア出兵に起因して米価が暴騰し米騒動が起こるが，シベリア出兵は国内事情にかかわらず1922年まで継続された。

④ × 日ソ基本条約は1925年であるが，メーデーをはじめとする社会主義運動自体はソビエト承認以前から行われていた。

⑤ × 大正時代の首相は政党に関わっていたが，いわゆる本格政党内閣は原敬以降になるため，大正時代全体を政党内閣の時代と見ることはできない。

答 ①

No.10

A × 植木枝盛は明治期の自由民権運動で活躍した人物。

B ○ 吉野作造の民本主義は主権在君（天皇主権）下での民衆の政治参加を主張するものである。

C ○ 普通選挙法を成立させたのは，加藤高明を首相とする護憲三派内閣であり，これは第二次護憲運動によって生まれた。

D × 農地改革が行われたのは，第二次世界大戦後のこと。

E ○ 新婦人協会は1920年，平塚らいてうや市川房枝らによって，赤瀾会は1921年，山川菊栄や伊藤野枝によって結成された。よって，正解はB，C，E。

答 ④

No.11

A：10円以上

B：満25歳以上男性

C：満25歳以上男性

D：原敬

よって，正解は⑤である。

答 ⑤

No.12

A：関東大震災…1923年

B：大日本帝国憲法発布…1889年

C：版籍奉還…1869年

D：日英同盟成立…1902年

E：日清戦争…1894～95年

よって，C→B→E→D→Aの順。

答 ⑤

No.13

江戸時代からの儒教思想が背景となり，家族制度はそのまま引き継がれ男尊女卑は依然として強かった。

答 ⑤

No.14

A：日本の国際連盟脱退の通告…1933年

B：二・二六事件…1936年

C：五・一五事件…1932年

D：柳条湖事件…1931年

E：盧溝橋事件…1937年

よって，D→C→A→B→Eの順。

答 ⑤

No.15

日本軍が満州全土を占領し，1932年満州国の建国を宣言した。これに対し，国際連盟は翌1933年に日本の行動を否決。これを不満として日本は国際連盟を脱退した。<u>答 ①</u>

No.16

① × 北伐は 1926 ～ 28 年で，それに対しては山東出兵が行われた。

② × 統帥権干犯問題は 1930 年，ロンドン海軍軍縮条約の調印に対して行われた。

③ ○ 満州事変は 1931 年に引き起こされ，32 年「満州国」が建国された。

④ × 1933 年総会の対日勧告案が採択されると，日本は国際連盟から脱退した。

⑤ × 満州での日本の軍事行動は中国の排日運動を激しくさせ，1932 年には上海でも両国軍が衝突する第一次上海事変が起こった。

答 ③

No.17

① × 二十一カ条の要求は大隈重信内閣での出来事。

② × 韓国併合は桂太郎内閣での出来事。

③ × ワシントン海軍軍縮条約は高橋是清内閣での出来事。

④ × 二・二六事件は広田弘毅内閣での出来事。

答 ⑤

No.18

（A）には 1930 年の出来事が，（B）以下には 31 年，33 年，36 年，38 年，39 年の出来事が入る。

① ワシントン海軍軍縮条約調印は 1922（大正 11）年，国際連合から日本が脱退した事実は今のところない。（国際連盟脱退は 1933（昭和 8）年）

② 満州事変は 1931（昭和 6）年（B），二・二六事件は 1936（昭和 11）年（D）である。

③ 世界恐慌は 1929（昭和 4）年に発生。国家総動員法は 1938（昭和 13）年（E）に公布された。

④ 五・一五事件は 1932（昭和 7）年に発生。第二次世界大戦は 1939（昭和 14）年（F）に開戦している。

⑤ 天皇機関説問題は 1935（昭和 10）年に発生。盧溝橋事件は 1937（昭和 12）年に

発生している。

よって，正しい組合せは②である。

答 ②

No.19

A：日比谷焼打ち事件 …1905 年

B：米騒動 …1918 年

C：二・二六事件 …1936 年

D：関東大震災 …1923 年

よって，A → B → D → C の順。

答 ②

No.20

① × 治安維持法は 1925 年に加藤高明内閣で作られたものである。また大逆事件は，明治天皇暗殺計画があったという理由で幸徳秋水らが弾圧された事件である。

② × 浜口内閣の成立は，1929 年の金融恐慌とその他の世界恐慌期に当たる。この内閣では金解禁，財政緊縮，産業合理化，ロンドン条約調印などを行ったが，国家総動員法は近衛文麿内閣のときである。

④ × スペインと日本との間に同盟関係はない。また，若槻内閣は満州事変のときの内閣であるが，日独伊三国同盟は第二次近衛内閣のときに成立した。

⑤ × 東条内閣は 1941 年の太平洋戦争開戦時の内閣であるが，朝鮮半島の植民地化は 1910 年，満州国建国は 1932 年である。

答 ③

No.21

A 1943 年 9 月

B 1945 年 3 月 10 日

C 1945 年 8 月 8 日

D 1942 年 6 月

この問題は，上記の年代が分からなくても歴史認識があれば正確に解答できる。

A 徴兵猶予が撤廃されているということは，日本がかなり戦局的に不利になっている。

→すでに米英軍有利の戦局になっているので，D よりも後。

B　本土，それも首都に攻撃が加えられると
　いうことは，すでに制空権が失われている。
　→敗戦濃厚な時期でかつ3月より1945年。
C　ヨーロッパでドイツと死闘を繰り広げ
　たソ連が参戦してきたということは，ヨー
　ロッパでの戦闘は終結している。
　→太平洋戦争終末期
　（Cはヤルタ協定との絡みや，広島原爆投
　下後参戦などの認識からでも判別できる）
よって，D→A→B→Cの順。

答　③

第11章　終戦後

（問題，本文39ページ）

No.1

① ×　安保改定と安保闘争は1960年。

② ×　男女雇用機会均等法が制定されたの
　は1972年。

③ ×　小笠原諸島の復帰は1968年，沖縄
　の復帰は1972年。

⑤ ×　治安維持法は1945年に廃止された。

答　④

No.2

① ×　新民法は，戸主制度を廃止した。

③ ×　地方自治体の長は公選（公の選挙）
　になった。

④ ×　教育基本法では，小学校6年間と中
　学校3年間が義務教育となった。

⑤ ×　山林原野については，山林地主が残
　ることになった。

答　②

No.3

① ×　戦後の民主化で改善されたのは，労
　働争議に際しての団結権が認められた点が
　強調できる。労働基準法には定年制や労働
　時間に関する定めもあるが，週40時間労
　働が主張されるのは高度成長以後である。

② ○　財閥解体は株式を強制的に売却する
　方式が採られた。

③ ×　1947年にGHQは，二・一ゼネスト
　中止指令を出している。

④ ×　戦後の義務教育が9年間になったの
　は正しいが，明治時代に義務教育はすでに
　6年間になっていた。

⑤ ×　農地改革において，不在地主の土地
　は完全に買収されたが，在村地主からの買
　い上げは耕作者の有無ではなく，保有する
　農地の面積に上限を設ける基準で実施され
　た。

答　②

No.4

国家と神道の分離は，1945 年の「神道指令」によって行われた。五大改革指令のもう一つは「教育の自由主義化」である。

答　①

No.5

サンフランシスコで行われた講和会議でサンフランシスコ平和条約は締結されたが，ソ連，ポーランド，チェコスロヴァキアの 3 国は会議に出席したものの条約には調印しなかった。

またビルマ（現ミャンマー），インド，ユーゴスラヴィアは会議に招かれたが参加せず，中国は代表政権問題（「中華人民共和国」か「中華民国（台湾）」か）があり，招請されなかった。

答　③

No.6

ア　東京オリンピックは 1964 年である。
イ　国民所得倍増計画は 1960 年である。
ウ　第 1 次石油危機は 1973 年である。
エ　「もはや戦後ではない」と白書に記されたのは 1956 年である。
よって，エ→イ→ア→ウの順。

答　④

第 12 章　通史

（問題，本文 41 ページ）

No.1

「知行国の制度」「僧兵」『梁塵秘抄』『伴大納言絵巻』『鳥獣戯画』がキーワード。

答　③

No.2

「分国法」「城下町」「楽市・楽座の制」「港町」などの単語から，この時代が戦国時代であることが分かる。

なお，①は奈良時代，②は建武の中興（建武の新政），③は鎌倉時代，⑤は平安時代に関する記述である。

答　④

No.3

②　×　鎌倉時代以降，畿内などに貴族や寺院の勢力が残る地域もあったが，領主の武士の影響力の方が強かった。また，中世には関所が発達しており，困窮を理由に他国へ逃れるのは容易とはいえなかった。

③　×　中世になると，宋銭や明銭などが輸入されて貨幣経済発達に貢献した。

④　×　守護大名は，治安要員であった守護が徴税要員の地頭を支配下に吸収した形態と見ることができる。

⑤　×　海運で定期航路が発達するのは江戸時代になる。中世の社会状況は，国内規模で物流が拡大するほど安定していない。南蛮貿易や朱印船などにより海外への航路はあった。

答　①

No.4

①　×　租・庸・調や雑徭，兵役などの負担は非常に重かった。

②　×　墾田永年私財の法によって初期荘園が成立し，公地公民制が崩壊した。

④　×　地頭は，もともと寄進地系荘園の荘官だったが，鎌倉以後は幕府が任免権を握り，年貢の徴収・納入，土地管理，治安維

持を行った。

⑤　×　一地一作人の原則によって農民の田畑所有を認め，荘園制度はなくなった。

答　③

No.5

①　×　仏教が伝来したのは6世紀半ばといわれている。奈良時代ではない。

③　×　日蓮宗は他宗批判をくり返し，幕政も批判したため，幕府からの保護を受けることはなかった。

④　×　五人組制度の主目的は，年貢納入確保のため連帯責任を負わせ治安を維持することにある。また，宗門改めのために設けられたのは寺請制度である。

⑤　×　明治政府の神仏分離令は，神道国教化のために発令されたもの。仏教は国教とされていない。

答　②

No.6

①　×　いずれも鎌倉文化の建築物である。『高徳院阿弥陀像』は，一般に鎌倉大仏として知られる。

②　×　弘仁・貞観文化とは平安時代初期の文化を指す。唐招提寺は奈良時代に建造された。また，正倉院宝物も天平文化に属する。

③　×　共に密教文化が浸透し始める弘仁・貞観期である。

⑤　×　薬師寺，興福寺ともに白鳳文化である。

答　④

No.7

①　×　白鳳文化の記述。

③　×　金剛力士像が作られたのは鎌倉時代。

④　×　唐獅子図屏風は狩野永徳作。また描かれたのは桃山文化の時。

⑤　×　井原西鶴が好色物，近松門左衛門が浄瑠璃。またこれは元禄文化の記述。

答　②

No.8

①　×　双方とも歴史書である。

③　×　正式の漢文体で書かれているのは日本書紀である。

④　×　古事記が712年。日本書紀が720年。古事記が古い。

⑤　×　すべてが解明されている。

答　②

No.9

①　×　白鳳文化のものである。

②　×　飛鳥文化のものである。

④⑤　×　天平文化のものである。

答　③

No.10

①　×　俵屋宗達の生没年ははっきりしないが，『風神雷神図屏風』は寛永期の作とされる。

②　×　如拙の生没年ははっきりしないが，『瓢鮎図』は15世紀前半の作とされている。

④　×　菱川師宣は絵師・版画師として元禄期に活動し，遊女や歌舞伎役者の姿を描いた。『見返り美人図』は肉筆画だが，一枚摺りの創始者として版画の発展に貢献している。

⑤　×　『市川鰕蔵』は東洲斎写楽の作である。

答　③

No.11

①　×　『唐獅子図屏風』は狩野永徳の作。

②　×　『風神雷神図屏風』は俵屋宗達の作。

③　×　『見返り美人図』は菱川師宣の作。

⑤　×　『東海道五十三次』は歌川（安藤）広重の作。

答　④

No.12

A 『春日権現験記』　：鎌倉文化
B 『平等院鳳凰堂扉絵』：国風文化
C 『燕子花図屏風』　　：元禄文化
D 『唐獅子図屏風』　　：桃山文化

よって，B→A→D→Cの順なので，答えは
④である。

答　④

No.13

① 　× 　『菟玖波集』の編者は二条良基である。
③ 　× 　これは雪舟の説明である。土佐光信は大和絵の一派である土佐派の地位を確立した朝廷絵師。
④ 　× 　侘茶は村田珠光に始まり，千利休が大成した。
⑤ 　× 　金閣は寝殿造風と禅宗様の折衷である。

答　②

No.14

A：浮世絵
　水墨画の最盛期は室町時代。
B：東洲斎写楽
　狩野永徳は信長・秀吉に仕え狩野派の基礎を築いた人物。
C：歌川（安藤）広重
　円山応挙は円山派の祖で，写生画を創造した。

よって，正解は①である。

答　①

No.15

田沼時代は18世紀半ば〜後半にかけての時代である。

① 　× 　享保の改革期のことである。（漢訳洋書輸入緩和は1720年）
③ 　× 　シーボルト事件は1828年である。
④ 　× 　蛮社の獄は1839年である。
⑤ 　× 　19世紀半ばの出来事である。

答　②

No.16

A 天平文化の記述。8世紀の聖武期を中心とした奈良時代の文化の総称。
B 白鳳文化の記述。律令国家建設期の7世紀後半〜8世紀初頭の文化。
C 国風文化の記述。摂関時代を中心とする文化。

したがって組合せは
A－ウ　　B－イ　　C－ア

答　④

No.17

① 　× 　『小説神髄』が坪内逍遙，『浮雲』が二葉亭四迷である。
③ 　× 　個性主義・理想主義を標榜した白樺の主幹は，武者小路実篤，志賀直哉，有島武郎らであった。
④ 　× 　三田派は慶応大学の機関誌が母体で，永井荷風，泉鏡花などが中心となっていた。
⑤ 　× 　自然主義を唱えたのは，正宗白鳥や田山花袋である。『新思潮』のグループは反自然主義という点では三田派や白樺派と同じ立場であった。

答　②

No.18

② 　× 　『羅生門』は芥川龍之介の作。
③ 　× 　『恩讐の彼方に』は菊池寛の作。
④ 　× 　『女の一生』は山本有三の作。
⑤ 　× 　『日輪』は横光利一の作。

答　①

第2編　世界史

第1章　古代

（問題，本文50ページ）

No.1

BC500 ～ BC449 年ペルシア帝国が，アテネとその同盟市へ進攻した（A　ペルシア戦争）で，戦勝側のギリシアではペルシアの再攻にそなえて，アテネを中心に本部をデロス島においた（B　デロス同盟）を結んだ。

戦後，アテネは民主政治の最盛期を迎えた。成年男性（18才以上）市民の参加する（C　民会）が最高議決機関となり，（D　ペリクレス）が指導者として活躍した。

答　①

No.2

②の奴隷や婦人などには参政権が与えられていなかった点は，なお民主主義に達していない点であったといえる。

答　②

No.3

① 〇　オストラシズム（陶片追放）は僭主の出現を防止するために，陶片に僭主になりそうな人物の名を記して投票し，その総数が一定数以上になった人物を国外追放にした制度。

② ×　アレクサンドロスが征服したのは，アケメネス朝。

③ ×　アテネは，サラミス海戦でも勝利した。

④ ×　スパルタは，完全市民（征服民）が，奴隷（被征服民）や半自由民を支配していた。

⑤ ×　ペルシア戦争後にアテネの最高指導者となったのはペリクレスである。ソロンは BC 6 世紀の人物で，貴族と平民の調停に努めた（ソロンの改革）。

答　①

No.4

A　キリスト教公認は 313 年である。

B　アウグストゥス（尊厳者）の称号を受けたのは BC27 年である。

C　五賢帝時代は 96 ～ 180 年までの時期

D　ポエニ戦争はローマとカルタゴとの間で BC264 年に始まった（～ BC146 年）。

E　第 1 回三頭政治は BC60 年に始まった。（～ BC53 年）

よって，D→E→B→C→Aの順。

答　③

No.5

① ×　最高政務官はコンスル（執政官）。当初は貴族が独占した。

③ ×　ローマはポエニ戦争でカルタゴを滅ぼし，西地中海の覇権を握った。

④ ×　終身のディクタトルになったのはカエサル。

⑤ ×　アウグストゥスの称号が贈られたのはオクタヴィアヌス。

答　②

No.6

① ×　これはリキニウス・セクスティウス法の説明である。

③ ×　これは十二表法の説明である。

④ ×　カエサルの養子となったオクタヴィアヌスは，エジプトと結んだ政敵アントニウスを倒して内乱を収め，元首政（プリンキパトゥス）を打ち立てた。

⑤ ×　ミラノ勅令はキリスト教を公認した 313 年の法律である。帝国全土の自由民にローマ市民権を与えたのは，カラカラ帝によるアントニヌス勅令（212 年）である。

答　②

No.7

A：カタコンベ

B：コンスタンティヌス

C：ニケーア

D：アタナシウス

よって，正解は⑤である。

答　⑤

<hr>

第2章　中世ヨーロッパ

（問題，本文 53 ページ）

No.1

フランク王国はクローヴィスのローマ＝カトリックへの改宗によって，ガリア内のローマ人との関係を親密・同等なものにするとともに，ニケーア公会議で異端とされたアリウス派の諸族を征討する大義名分を得た。この後フランク王国が西ヨーロッパを支配する強国となった要因のひとつといえる。

答　②

No.2

①　×　周辺ゲルマン諸国がアリウス派のキリスト教に改宗する中，ローマ＝カトリックが正統とするアタナシウス派に改宗してローマ教会と提携，王国の拡大に寄与したフランク国王である。

②　×　トゥール・ポワティエ間の戦いでイスラム軍を撃破した，フランク王国の宮宰である。

③　×　カロリング朝を開き，教皇に土地を献上する（ピピンの寄進。教皇領の起源）などして協力関係を深めた。小ピピンともいわれる - である。

⑤　×　カール大帝に西ローマ皇帝の帝冠を授けた（カールの戴冠）ローマ教皇である。

答　④

No.3

A：イベリア

B：ウルバヌス2世

C：サラディン

D：コンスタンティノープル

よって，正解は③である。

答　③

No.4

① × 当時はセルジューク朝である。

② × クレルモン公会議を招集したのはウルバヌス2世である。

③ × イェルサレム王国を建国したのは，第1回遠征のとき。

⑤ × 第4回十字軍が占領したのは，コンスタンティノープルである。

答 ④

No.5

「絶対主義」時代と呼ばれている。

答 ③

No.6

1806年，ナポレオン1世がヨーロッパの大半を制しナポレオン帝国の形式が始まり，ライン同盟を結成して自らその保護者となったとき，神聖ローマ帝国は消滅した。

答 ④

第3章　近代ヨーロッパの誕生

（問題，本文56ページ）

No.1

A：ヴォルムス協約…1122年

B：教皇のバビロン捕囚…1309～77年

C：大シスマ…1378～1417年

D：カノッサの屈辱…1077年

E：ピピンの寄進…754～755年

よって，E→D→A→B→Cの順。

答 ①

No.2

A　レオ3世が入る。800年にフランク王国カールに西ローマ皇帝の位を与えた。

B　グレゴリウス7世が入る。聖職叙任権闘争で俗人による聖職者叙任を禁止し，対立した神聖ローマ皇帝ハインリヒ4世を破門した。（カノッサの屈辱）

C　インノケンティウス3世が入る。ドイツ皇帝選挙への干渉，英王ジョンや仏王フィリップ2世の破門など，権力を発揮して教皇の威信を高めた。

D　ボニファティウス8世が入る。聖職者課税問題で仏王フィリップ4世と争い，ローマ近傍のアナーニに一時捕囚された。（アナーニ事件）

よって，正解は①である。

答 ①

No.3

これはカルヴァンについての記述である。「『キリスト教綱要』」，「ジュネーブで宗教改革」，「予定説」などから分かる。

答 ③

No.4

① × 聖書ではなく，贖宥状（免罪符）。これがサン＝ピエトロ大聖堂新築資金の金集めに利用された。

② ○ ルターは，魂の救いは善行ではなく，信仰のみによると主張した。この考え方を「福音主義」という。

③　×　カルヴァンは，富を蓄えることを罪とは考えていない。彼の考え方は，むしろ商工業者の間で普及した。

④　×　南ヨーロッパはカトリックの地盤。ルター派はドイツや北ヨーロッパ，カルヴァン派はスイス，フランス，イギリス，ネーデルラントなどに広まった。

⑤　×　イエズス会を支持したのはスペインや教皇庁である。

答　②

No.5

①　×　ルネサンスは東方貿易で蓄積した富を背景にイタリアから始まった。

③　×　ロマネスク式建築様式はピサ大聖堂にみられる11～12世紀の建築様式で，ゴシック式建築様式はノートルダム大聖堂にみられる12世紀の様式。いずれもルネサンスの様式ではない。

④　×　『神曲』はダンテ（1265～1321年）の作品。

⑤　×　スコラ哲学は中世の哲学で，トマス＝アクィナスは13世紀イタリアのスコラ学者。

答　②

No.6

イギリスは百年戦争で敗れ，大陸における足場を失うこととなり，さらにつづく，ランカスター家とヨーク家のバラ戦争によって諸侯は人的にも経済的にも弱まり，没落を招いた。

答　②

No.7

A：トスカネリが入る。ケプラーは17世紀初めの天文学者で，地動説を数学的に証明した人物。ガリレオは16～17世紀のフィレンツェの科学者で，望遠鏡による観測で地動説を確信した人物。

B：イサベルが入る。アルメイダはポルトガルの初代インド総督。

C：サンサルバドル島が入る。

D：アメリゴ＝ヴェスプッチが入る。ジョン

＝カボットは，北アメリカ沿岸を探検した人物。カブラルはポルトガルの提督で，ブラジルに漂着してその領有を宣言した人物。

よって，正解は⑤である。

答　⑤

No.8

A　×　ガマは1498年に喜望峰を経てインドにたどり着いた。

B　○　バルトロメウ＝ディアスは1488年に喜望峰に到着した。

C　×　コルテスは1521年にメキシコのアステカ帝国を滅ぼした。

D　×　コロンブスは1492年に西インド諸島にたどり着いた。

E　○　ポルトガル船は1550年，平戸に来航した。

F　○　マゼランは途中で死亡するが，一行は1522年に世界周航を果たして帰国した。

よって，B→F→Eと並べた②が正解。

答　②

No.9

①　○　アメリゴ＝ヴェスプッチは，コロンブスが到達した土地が，アジアではなく，「新大陸」であることを確認した。アメリカという名は，彼の名前に由来する。

②　×　ディアスはジョアン2世の命でアフリカ周航を指揮し，喜望峰を確認した。大西洋横断はしていない。

③　×　コロンブスを後援したのは，メディチ家ではなく，スペイン女王イサベル。

④　×　ヴァスコ＝ダ＝ガマは，ポルトガルの人。バルトロメウ＝ディアスが発見したアフリカの南端（喜望峰）を迂回してインドに到達した。

⑤　×　マゼラン（マガリャンイス）は，ポルトガルの人。南アメリカの南端を経て太平洋に入ったので，パナマ地峡には行っていない。

答　①

No.10

ア：イギリス
イ：オランダ
ウ：ジャワ
エ：ケープ

答　②

第4章　近代国家の形成

（問題，本文61ページ）

No.1

11世紀から13世紀にかけての7回にわたる十字軍の遠征で貴族，騎士は戦死や戦費負担等で没落の一途をたどり，さらに引き続く宗教内乱，戦争によって教皇権（法王庁）は衰退し，代わりに王権が強大となっていった。

答　②

No.2

① ×　マリア＝テレジアはオーストリアの女帝。
② ×　フェリペ2世はスペイン王。
③ ×　ユトレヒト条約はスペイン継承戦争の講和条約。条約締結時，エリザベス1世は亡くなっている。
④ ×　グスタフ＝アドルフが活躍したのは三十年戦争。

答　⑤

No.3

A：フェリペ2世が入る。カルロス1世はフェリペ2世の父。
B：レパントが入る。アルマダは無敵艦隊のこと。
C：オランダが入る。
D：イギリスが入る。

答　①

No.4

② ×　神聖ローマ皇帝カール6世は，娘マリア＝テレジアに全ハプスブルク領を相続させる旨の勅書を出した。彼の死後，実際にマリア＝テレジアが継承すると，プロイセン王フリードリヒ2世はそれに異議を唱え，天然資源に富むシュレジエン（シレジア）を占領した。また，バイエルン公やザクセン公が相続権を主張し，それにハプスブルク家と対立していたフランス王が加担してオーストリア継承戦争が始まった。
③ ×　啓蒙絶対（専制）君主とは，啓蒙思

想の影響を受けた絶対君主のことで，プロ
イセンのフリードリヒ2世，オーストリア
のヨーゼフ2世，ロシアのエカチェリーナ
2世などがその代表。ルイ15世はこれに
当たらない。

④　×　ルイ14世の財務総監だったコル
　　ベールは，重商主義政策を推進した。

⑤　×　無敵艦隊を破ったのはイギリスであ
　　る。

答　①

No.5

ユグノー戦争：フランスの宗教戦争
七年戦争　　：プロイセンとオーストリアの
　　　　　　　戦争
三十年戦争　：ドイツの宗教戦争
バラ戦争　　：イギリスの王位継承をめぐる
　　　　　　　内乱
百年戦争　　：イギリスとフランスの戦争
北方戦争　　：ロシアがスウェーデンを破っ
　　　　　　　た戦い
よって，正解は②である。

答　②

No.6

A：権利章典…1689年
B：独立宣言…1776年7月4日
C：人権宣言…1789年
したがって，A→B→Cの順。

答　①

No.7

①　×　タウンゼンドは18世紀のイギリス
　　の財務大臣でガラス，茶，紙等に課税する
　　ことで，徴税を強化し，違反者を厳罰に処
　　する「タウンゼンド諸法」を制定した。

②　×　ミラボーは18世紀フランス革命の
　　指導者。

③　×　ルターはドイツで宗教改革の口火を
　　切った人物。

⑤　×　カルヴァンはプロテスタント神学の
　　確立者。フランス人でルターに次いで宗教
　　改革に奔走した。

答　④

No.8

ヘンリ8世（在位1509～47年）：
　　イギリス絶対王政を確立。首長法を発布し
　　イギリス国教会を設立。

エリザベス1世（在位1558～1603年）：
　　イギリス絶対主義の全盛期の女王。統一法
　　によってイギリス国教会を確立。フェリペ
　　2世統治下のスペインに対抗し，1588年
　　にはスペイン無敵艦隊を撃破。

チャールズ1世（在位1625～49年）：
　　エリザベス1世後に即位したジェームズ1
　　世の次男で，絶対主義政策を採り続けた。
　　ピューリタン革命により処刑された。

クロムウェル：
　　政治家。ピューリタンで独立派の指導者。
　　チャールズ1世を処刑し，共和政を打ち立
　　てた。

チャールズ2世（在位1660～85年）：
　　チャールズ1世の子。革命中はフランスに
　　亡命，1660年に帰国して即位（王政復古）。
　　絶対王政への逆行とカトリックの擁護を企
　　て議会と対立する。

ジェームズ2世（在位1685～88年）：
　　チャールズ2世の弟。絶対王政の再建とカ
　　トリックの復活に努めるが，名誉革命で退
　　位し，フランスへ亡命する。

ウィリアム3世（在位1689～1702年）：
　　オランダ総督オラニエ公ウィレム。ジェー
　　ムズ2世の娘メアリ（メアリ2世）の夫。
　　名誉革命でイギリス王となり，メアリ2世
　　と共同統治した。

よって，正解は④である。

答　④

No.9

絶対君主だった国王チャールズ1世に対し
て，カルヴァン派（ピューリタン・清教徒）
が力を増していた議会は1628年，議会の同
意のない課税や不法逮捕に反対することなど
を内容とする「A　権利の請願」を可決した。
しかし国王はこれを無視し，議会を解散し

た。その後，スコットランドでの反乱に手を焼いた国王が再び議会を招集するが，議会は激しく国王を攻撃し，1642年に王党派と議会派の間で内戦が起こった。オリヴァ＝クロムウェルが率いた議会派は1649年に国王を処刑し，共和政を打ち立てた。これが「C　ピューリタン革命」である。

1653年，クロムウェルは「E　護国卿に就任」し厳格な軍事的独裁政治を敷いたが，これに対するイギリス国民の不満が徐々に増大していった。1660年，議会尊重を条件にチャールズ1世の子チャールズ2世を王位に就け，再び王政が復活した（「B　王政復古」）。しかし，チャールズ2世は専制政治の復活を目指し，次代ジェームズ2世も絶対王政の再建を目指したため，1688年，議会はジェームズの子メアリと，その夫オラニエ公ウィレムを招いた。翌年（1689年），この2人は抗戦をあきらめフランスに亡命したジェームズ2世に代わり，ウィリアム3世とメアリ2世として即位，同年「D　権利の章典」が制定された。

したがって，A→C→E→B→Dの順。

答　④

No.10

① ×　1774年9月，フィラデルフィアで大陸会議を開催してイギリス本国に抗議し，アメリカの北東部のレキシントンでアメリカ独立戦争が始まった。

② ×　アメリカ独立宣言はトマス＝ジェファーソンらが起草したもので，その内容はジョン＝ロックの社会契約・啓蒙思想の影響を受けている。

③ ×　フランスは，スペイン，オランダとともに植民地軍を支援し，ロシアはデンマーク，プロイセンなどと武装中立同盟を結び，間接的に植民地側を支援した。

④ ×　アメリカの独立をイギリスが承認したのは，1783年のパリ条約である。

答　⑤

No.11

① ×　印紙法は制定の翌年撤回された。

③ ×　アメリカ独立宣言の起草者はトマス＝ジェファーソン。トマス＝ペインは『コモン・センス』の著者。

④ ×　フランス，スペインはイギリスと対立していたため，植民地側に立って参戦した。

⑤ ×　レキシントンの戦いで独立戦争が始まった。

答　②

No.12

現在では共和党は米国南部，民主党は米国北部に支持者を多く有しているが，南北戦争前の両党の支持者と主張の関係は，

　　北部＝共和党＝連邦主義
　　南部＝民主党＝州権主義

であった。

答　①

No.13

① ×　南部は自由貿易を主張した。

③ ×　共和党は奴隷制反対をスローガンにした。

④ ×　このときに当選したのは，北部を地盤としたリンカーン。これにより，南部諸州がアメリカ連合国を作った。

⑤ ×　グラントは北軍の将軍。南軍の司令官はリー。

答　②

No.14

A：ルイ16世
B：三部会
C：国民議会
D：バスティーユ牢獄

よって，正解は④である。

答　④

No.15

① ×　三部会と呼ばれた身分制議会は，聖職者・貴族・平民と市民階層で構成されて

いた。

② ×　人権宣言は国民議会によって採択された。

③ ×　1791年憲法は立憲君主政を目指したもので，それほど急進的ではなかった。ジャコバン憲法と呼ばれる急進的な憲法は1793年に制定されるが，実施には至らなかった。

④ ○　1793年にはロベスピエール率いる山岳派の台頭で，恐怖政治が行われた。

⑤ ×　ロベスピエール派は恐怖政治の行き過ぎにより一年あまりで失脚し（テルミドールのクーデター），総裁政府が権力を握った。ナポレオンは，1799年のブリュメール18日のクーデターで政権をとった。

答　④

No.16

① ×　国王はイギリスのチャールズ1世，議会が採択した文書は『権利の請願』。議会の同意のない課税や不当逮捕などに反対するものだった。

② ×　これはイギリスのジョン王に関する記述で，国王に署名させた文書は，「大憲章（マグナ・カルタ）」（1215年）である。

③ ×　これはルターによる宗教改革に関する記述である。

④ ○　国民議会の結成に対し，国王ルイ16世が武力弾圧を加えようとしたため，市民は絶対主義の象徴であるバスティーユ牢獄を襲撃し，囚人を釈放した。これがフランス革命の発端となった。

⑤ ×　これは，アメリカの独立戦争に関連する記述である。

答　④

No.17

① ×　第1回対仏大同盟は1793～97年の間結ばれていた，ヨーロッパ諸国間の反フランス・反革命同盟。ミラボーは貴族出身で第三身分代表として国民議会で活躍した政治家。1791年に急死しているので第1回対仏大同盟とは関連がない。

② ×　立法議会は国民議会解散後に成立した議会。人権宣言は1789年8月26日に国民議会で宣言された。

③ ×　テルミドールの反動は，1794年に国民公会の反ロベスピエール派が起こしたクーデター。この当時，三部会は存在していない。

④ ×　1791年憲法には立憲君主政，財産資格選挙，一院制などが規定されていた。共和政は規定されていない。

⑤ ○　恐怖政治を行ったジャコバン派の指導者がロベスピエール。

答　⑤

No.18

① ×　ブリュメール18日のクーデターの後，ナポレオンが成立させたのは統領政府である。

② ×　大陸封鎖令によって，イギリスとの通商を禁じた。

③ ×　ナポレオン法典は民法典である。

④ ×　ナポレオンはワーテルローの戦いでイギリス・プロイセンの連合軍に敗れ，セントヘレナ島へ流された。

答　⑤

No.19

ウィーン会議の基本原則は正統主義である。なお，この会議では，メッテルニヒの保守反動主義とフランスのタレーランの正統主義を基調にして議案書が作成された。

答　③

No.20

① ○　英仏と対立したロシアはオーストリアに援助を求めるが果たせず，国家の弱体化を露呈させた。

② ×　ポーランド分割は，18世紀後期にロシア，プロイセン，オーストリアによって行われた。ポーランドは消滅し，実質的にロシアの支配下に置かれた。

③ ×　1861年に農奴解放令を出したアレクサンドル2世はクリミア戦争後の国家の

近代化を目指したが，ポーランド反乱の鎮圧など反動的政策も行い，革命勢力に暗殺された。ニコライ1世はクリミア戦争中に死亡している。

④　×　清との国境画定は，ネルチンスク条約，キャフタ条約，イリ条約などがある。ブレストリトフスク条約は，第一次世界大戦の時にロシア革命に伴う混乱回復のため，ドイツと結んだ停戦条約である。

⑤　×　日本との対立が極限に達するのが1904年の日露戦争であるが，三国協商が成立したのは日露戦争後の1907年である。三国協商の1カ国であるイギリスは，日露戦争以前には，日英同盟により日本支持の立場を取っていた。

答　①

No.21

工場制手工業（マニュファクチュア）が発達していた。工場制機械工業は産業革命によって発達した。

答　①

No.22

①　×　アメリカで産業革命が本格化したのは，1830年頃であるが，黒人奴隷は主に農場で使役された。

②　×　国立作業所は失業者救済のために，ルイ＝ブランらの主張によって設置されたもの。

③　×　フリードリヒ2世は18世紀半ば～後半のプロイセン王。ドイツがフランスからアルザス・ロレーヌ地方を獲得したのは，普仏戦争後の1871年。

⑤　×　農奴解放令以来，産業革命は急速な発展をみたが，農奴の多くは農村共同体（ミール）にとどまった。

答　④

No.23

この当時，現イスラエルはオスマン帝国の領土であった。

答　⑤

No.24

①　×　スペイン継承戦争はスペイン王位の継承権を巡る国際紛争。フランス国王ルイ14世が自身の孫をフェリペ5世としてスペイン王位に就け，それに反発したオーストリアがイギリス，オランダ，プロイセンなどと結んで引き起こした。

②　×　元々はシュレジエン奪還を目指すオーストリアとプロイセンの戦い。オーストリア側にフランス・スペイン・ロシアが，プロイセン側にイギリスが付いて世界規模の戦争になった。

③　×　南インドにあったマイソール王国とイギリスの戦争。

④　×　ワーテルロー（現ベルギー）で起こったナポレオン軍とイギリス・オランダ・プロイセン連合軍の戦い。

⑤　○　ドイツ統一の過程で勃発したドイツ諸邦とフランスの戦争。

答　⑤

No.25

①②　×　労働組合法の制定は1871年。教育法の制定は1870年。ともに19世紀前半ではない。

③　×　マニュファクチュアは工場制手工業のこと。機械が大規模に導入されればマニュファクチュアではなくなる。

④　×　第二次囲い込み運動は議会の承認のもとに行われた。

答　⑤

No.26

保護関税を主張したのは保守党であり，自由党は自由貿易を主張した。

答　①

No.27

①　×　19世紀の二大政党は，保守党と自由党である。

②　×　当時の女王はビクトリアである。

④　×　ラダイト運動は，機械化で職を失うことを恐れた労働者による機械打ち壊しで

ある。

⑤　×　19世紀のアイルランド併合は全体を一括して行った。今日のアイルランド問題は，アイルランドの独立時に北部アイルランドがイギリスに残ったことが発端である。

答　③

No28

②　×　北ドイツ連邦は，プロイセン王を首長として成立した。

③　×　デカブリストは1825年にニコライ1世の即位に対して反乱（デカブリストの乱）を起こした貴族の青年将校のこと。彼らはナポレオン戦争に参加して西欧の自由主義精神を学び，依然として専制政治と農奴制が強固であった自国の後進性を痛感して蜂起,すぐに鎮圧された。本文は「ナロードニキ」の説明。

④　×　イギリス初の労働党政権が成立したのは1924年。

⑤　×　ナポレオン法典を制定したのはナポレオン＝ボナパルト（ナポレオン1世）。

答　①

No.29

①　×　当時唯一の対欧米貿易港は広州（広東）。

②　○　公行（コウコウ）（コホン）とは広州で対外貿易を独占していた特許商人の組合。

③　×　アヘンの密貿易によって国外に流出したのは銀。

④　×　アヘンの取締りのために広州に派遣されたのは林則徐。

⑤　×　南京条約によって開港されたのは，広州，福州，厦門（アモイ），寧波（ニンボー），上海の5港。

答　②

No.30

①　○　開港した5港は上海，寧波，福州，厦門，広州であった。

②　×　北京条約は，アロー戦争の講和条約である。

③　×　南京条約では，アヘン貿易については触れられていない。またロシアが沿海州を取得したのは，アロー戦争後のことである。

④　×　イギリスが威海衛（いかいえい）を租借したのは1898年のことである。

⑤　×　外交官の北京駐在を認めたのは北京条約によるものである。

答　①

No.31

①　×　フランス革命で処刑されたのは，ルイ14世ではなく16世である。

②　×　ネルソンはイギリスの提督である。

③　×　蒸気機関車はスティーブンソンによって19世紀に発明，電灯はエジソンによって19世紀に発明。いずれも19世紀で18世紀ではない。

④　○　正しい。

⑤　×　いずれもフランス革命以前の出来事である。

答　④

第5章　東洋史

（問題，本文73ページ）

No.1

呉楚七国の乱はＢＣ154年に起こった諸侯の反乱だが，3カ月ほどでほとんどが鎮圧された。

答　⑤

No.2

春秋の五覇には諸説あり，一律に5人を挙げることはできないが，秦の孝公は戦国時代の人間であり，春秋の五覇に当てはまることはない。

答　④

No.3

② 　× 　中央集権化のために地方都市の城壁をこわし，民衆の武器を没収した。

③ 　× 　秦は「坑儒」などによって儒教を弾圧している。儒者の意見をとり入れてはいない。

④ 　× 　秦の都は咸陽である。

⑤ 　× 　秦は郡県制を採用して中央集権体制を築いた。

答　①

No.4

A：漢
B：周
C：秦

したがって，B→C→Aの順。

答　④

No.5

A：隋
B：隋
C：唐
D：唐
E：唐

よって，正解は⑤である。

答　⑤

No.6

① 　× 　鄭和に南海遠征を行わせたのは，明の永楽帝。

② 　× 　衛所制を設立したのは，明の洪武帝。

④ 　× 　『五経大全』は永楽帝の命により編纂された五経の注釈書。

⑤ 　× 　均輸法は前漢の武帝が施行した物価調整法。

答　③

No.7

A：前漢
B：唐
C：北宋

よって，正解は②である。

答　②

No.8

① 　× 　大都に都を移し，国号を元に定めたのはフビライである。

③ 　× 　元はモンゴル人第一主義をとった。色目人とは中央アジアや西アジア出身の異民族のことで，モンゴル人に次いで重用された。

④ 　× 　マルコ＝ポーロはイタリア・ヴェネツィアの出身である。

⑤ 　× 　元朝が信仰したのはチベット仏教である。

答　②

No.9

① 　○ 　マルコ＝ポーロは1275年，元の都の大都に到達した。

② 　× 　マルクス・アウレリウス・アントニヌスの使者が中国を訪れたのは，2世紀の後漢時代である。

③ 　× 　タラス河畔の戦いは751年。このときつかまった捕虜の中に紙すき工がいて，イスラム世界に製紙技術が伝わった。

④ 　× 　世界周航の達成は1522年。

⑤ 　× 　鉄砲伝来は1543年。

答　①

No.10

明の初代皇帝洪武帝の死後，2代建文帝は周辺諸王の勢力が増大しないように抑圧策を採った。北平にいた叔父の燕王は，これに対抗して(A)靖難の役(1399～1402年)を起こし，南京を占領して帝位に就いた（成祖永楽帝）。(B)永楽帝は宦官を重用して皇帝権を伸長し，北平を(C)北京と改称して遷都した。また積極的な対外政策を行い，イスラム教徒の宦官(D)鄭和に命じて計7回南海遠征を行わせた他，自らも5回モンゴルに遠征した。

答　②

No.11

府兵制は西魏や隋，唐で実施された兵制である。明代の兵制は衛所制である。

答　①

No.12

① ×　永楽帝は靖難の役で実権を握った。
② ×　康熙帝は，呉三桂らの起こした三藩の乱を鎮圧した。
④ ×　光緒帝は康有為ら革新的な官僚を指揮して近代化を進めるが（変法運動），西太后ら保守派のクーデター（戊戌の政変）で失脚する。
⑤ ×　宣統帝は中国最後の皇帝であるが，辛亥革命時には退位のみで処刑はされず，後に満州国執政として復活。中華人民共和国で戦犯として服役の後，一市民として生涯を終えた。

答　③

No.13

開港した港はすべて揚子江以南であり，天津は誤りである。残る一つは広州である。

答　①

No.14

② ×　変法運動（変法自強）とは康有為らが中心となって起こした，明治維新を範とする（議会政治を基礎とする立憲君主制の樹立）政治改革運動のこと。西太后ら保守

派の激しい反対を受けた。
③ ×　19世紀末，「扶清滅洋」をスローガンに排外運動を展開した義和団の力を利用して,清朝は列強に宣戦した。(義和団事件，北清事変)
④ ×　孫文は，1894年にハワイで革命結社である「興中会」を組織。1905年には日本で「中国同盟会」を組織して革命勢力を結集した。
⑤ ×　清が日清戦争に敗れたのは1895年。科挙の廃止は1905年。憲法大綱の発布は1908年。いずれも年代が異なる。

答　①

No.15

A：洪秀全
　李鴻章はこの時，淮軍を組織して太平天国軍を征討した。
B：日清戦争
C：ロシア
よって，正解は①である。

答　①

No.16

1911年5月に清朝が出した鉄道国有化令に対して各地で反対運動が起こり，四川では暴動に発展した。10月10日に鎮圧を命じられた武昌の軍隊が革命側に立って蜂起し，各省は大部分が独立した。各省の代表者は南京で孫文を臨時大総統に選出し，1912年1月1日中華民国の成立を宣言した。これが辛亥革命である。

答　②

No.17

① ×　最初要求を拒否したが，最終的には大部分を承認した。
② ×　三・一運動は朝鮮の民衆による独立運動。選択肢は五・四運動の説明。
④ ×　主席は毛沢東。
⑤ ×　抗日民族統一戦線が実現した（第二次国共合作）。

答　③

No.18

古代インド文明はガンジス川でなくインダス川流域に栄えた文明である。モヘンジョ＝ダロ，ハラッパーはインダス川流域にあり，道路，下水道，浴場なども遺跡として残っている。

答　①

No.19

①は7世紀前半に北インドにできた王朝であるが，②〜⑤はいずれもイスラム王朝である。

答　①

No.20

① 　×　そのような事実はない。

② 　×　これはオスマン帝国の記述。

④ 　×　イスラム教では偶像崇拝を否定しているため，アッラーを描いた彫刻や絵画は存在しない。

⑤ 　×　羅針盤，火薬，製紙法は中国で発明され，イスラムを通じてヨーロッパに伝えられた。

答　③

No.21

「スレイマン1世」「ウィーン包囲」「東方問題（＝オスマン帝国の領土とその地域の民族問題をめぐって生じた欧州諸国間の国際問題のこと）」がキーワードになる。

答　②

No.22

① 　×　アケメネス朝はBC 6世紀オリエントを統一して建国された。

② 　×　セルジューク朝は1038年建国された。

③ 　×　サラセン帝国は7世紀イスラム教団が発生しシリア，エジプトを征服。またササン朝ペルシアを破り中央アジアに迫って，政教一致の大国家を建設した。イスラム帝国である。ヨーロッパ人はこれをサラセン帝国と呼んだ。

④ 　×　ムガル帝国は1526年インドに建国された。

⑤ 　○　ティムール帝国は14世紀（1370年）中央アジアに建国された。

答　⑤

No.23

A：バーブルが入る。マフムードは，アフガニスタン初のイスラム王朝であるガズナ朝の第7代スルタン。

B：ムガルが入る。オスマン帝国は，13世紀末に小アジア西北部に興った国。

C：アクバルが入る。スレイマン（1世）はオスマン帝国第10代皇帝。

D：ヒンドゥーが入る。

答　①

No.24

① 　×　バヤジット1世はアンカラの戦いに敗れて捕虜になり，帝国は分裂の危機に瀕した。

② 　○　1453年にビザンツ帝国は滅び，コンスタンティノープルはイスタンブールと改称されてオスマン帝国の都となった。

③ 　×　セリム1世（在位1512〜1520年）が倒したのはエジプトのマムルーク朝である。セルジューク朝は12世紀に分裂して消滅している。

④ 　×　スレイマン1世が地中海の支配を固めたのはプレヴェザの海戦（1538年）である。

⑤ 　×　ムハンマド・アリーはナポレオンの侵攻に対する抗戦の成果を買われ，オスマン帝国によりエジプト太守に任じられた。事実上独立とはいえ，クーデターによる独立ではない。

答　②

第6章　現代の社会

（問題，本文81ページ）

No.1

① 　× 　三国干渉は，1895年日清戦争の講和条約である下関条約で規定された日本の遼東半島領有に，ロシア・ドイツ・フランス3国が清国への返還を勧告したもの。

② 　× 　日露戦争は，1904〜05年朝鮮と満州の支配権をめぐって争われた日本とロシアの戦争。日英同盟は1902年ロシアの極東進出に対抗して結ばれた日本とイギリス間の同盟である。

③ 　× 　三国同盟はドイツ・オーストリア・イタリア間で結ばれた。これに対抗するためにイギリス・フランス・ロシア間で三国協商が結ばれた。

④ 　○ 　3B政策は，ベルリン・ビザンティウム・バグダード3都市を結んで西アジアへの進出を図るドイツの帝国主義政策。3C政策は，ケープタウン・カイロ・カルカッタ3都市を結ぶ地域への勢力拡大を狙うイギリスの帝国主義政策。

⑤ 　× 　アフリカをめぐってイギリスのアフリカ縦断政策とフランスのアフリカ横断政策が対立し，1898年スーダンのファショダで衝突した。しかし，1904年には，イギリスのエジプトでの，またフランスのモロッコでの優越権を相互に認めた英仏協商を結び，英仏間の長い対立は終了した。第一次世界大戦では，フランスは協商国側として参戦した。

答　④

No.2

A：米西戦争開始………… 1898年
B：日英同盟締結………… 1902年
C：血の日曜日事件……… 1905年
D：三国協商成立………… 1907年
E：サライェヴォ事件…… 1914年
よって，A→B→C→D→Eの順。

答　①

No.3

① 　× 　オーストリア皇太子夫妻がセルビア人学生に暗殺されたサライェヴォ事件が発端である。

② 　× 　ドイツ・オーストリア側が結んでいたのが「三国同盟」，フランス・ロシア・イギリスが結んでいたのが「三国協商」ということからも，逆であることが分かる。

③ 　× 　アメリカは連合（協商）国側に立って参戦した。また，開戦当初は参戦していない。

④ 　× 　国内で革命が起こり，ブレスト＝リトフスク条約を結んで戦争から離脱したのはロシア。

答　⑤

No.4

レーニンが指導したのは十一月革命のみで，三月革命は指導していない。

答　②

No.5

② 　× 　ドイツ共和国の成立に伴ってワイマール（ヴァイマル）憲法が制定された。また，ナチスが政権を獲得するのは1933年。

③ 　× 　バルカン半島が「ヨーロッパの火薬庫」と言われていたのは第一次世界大戦前。民族間の抗争が頻発していた事実もない。

④ 　× 　これは中国に関する記述である。

⑤ 　× 　第一次世界大戦時，日本は中国の青島と赤道以北のドイツ領南洋諸島の一部は占領したが，インドシナ半島には進駐していない。当時インドシナ半島は，タイを除いてフランス領だった。

答　①

No.6

② 　× 　「インド」ではなく中国である。

③ 　× 　受け入れ機関として結成されたのはヨーロッパ経済協力機構（OEEC）。

④ 　× 　ドイツを分割統治したのは，アメリカ，イギリス，フランス，ソ連の4国。

⑤　×　いずれも社会主義国ではない。

答　①

No.7

①　×　スエズ運河国有化宣言は，エジプトのナセル大統領が行った。

②　×　プロレタリア文化大革命は，中国の出来事。

③　×　平和五原則は，インドのネルー首相と中国の周恩来首相との会談でまとめられた。

⑤　×　天安門事件は，中国の出来事である。

答　④

No.8

①　×　1951年に締結されたサンフランシスコ平和条約はアメリカを中心とする48カ国と日本との間で締結されたが，ソ連や中国などとは結ばれていない。

②　×　世界をリードし，指導したのは，アメリカとソ連。

③　×　日本の平和主義は，世界の中でもかなり厳格なものであり，このレベルの平和主義をうたっている憲法を持つ国は少ない。

⑤　×　植民地の独立は増えたが，宗主国が進んで行ったものではない。

答　④

No.9

A：ベルリン封鎖　　　　　　…1948年
B：トルーマン＝ドクトリンの発表…1947年
C：キューバ危機発生　　　　…1962年
D：ベトナム戦争勃発　　　　…1965年
E：朝鮮戦争勃発　　　　　　…1950年
したがって，B→A→E→C→Dの順。

答　③

No.10

①　×　マーシャル・プランとは，アメリカの豊富な資金を活用して第二次世界大戦で大きな被害を受けたヨーロッパ諸国の経済復興を行う計画のこと。ギリシア・トルコに対する経済援助はトルーマン・ドクトリン（1947年）。

②　×　「プラハの春」とは，チェコ＝スロヴァキアにおける民主化・自由化運動のことであり，1968年にソ連はワルシャワ条約機構軍を介入させてこの運動をつぶした。

③　×　1948年のイスラエルの建国をきっかけとして起こったのは第一次中東戦争（パレスチナ戦争）である。

④　×　アパルトヘイトは1991年に廃止された。アパルトヘイト撤廃運動を展開してきたネルソン＝マンデラが大統領となったのは，1994年のことである。

⑤　○　米ソ関係は，1979年のソ連のアフガニスタン侵攻により一時悪化するが，ゴルバチョフの指導の下での体制改革と米ソ首脳会談とにより新たな協調の道が開かれ，1989年のマルタ会談によって冷戦の終結が宣言された。

答　⑤

No.11

②　×　韓国の初代大統領は李承晩。朴正熙は，クーデターで李承晩政権を倒した二代目の大統領である。

③　×　両国は，1991年に国連に同時に加盟した。

④　×　1950年に駐留米軍が朝鮮戦争に派遣されると，日本国内の治安維持のためマッカーサーの指示で警察予備隊が設置された。この組織は52年に保安隊，54年に自衛隊と組織変更を重ねた。

⑤　×　現在のところ，北朝鮮との間に基本条約に相当する条約は結ばれていない。

答　①

No.12

① 　×　ベトナム民主共和国の独立を宣言した初代大統領はホー＝チ＝ミンであり，フランスとの戦争はインドシナ戦争。

② 　×　インドネシアの首都はジャカルタであり，初代大統領はスカルノ。

③ 　×　アメリカの承認で独立したフィリピンは反共親米路線を採った。また，マルコスは初代大統領ではない。

⑤ 　×　パレスチナは，国連によってアラブ人とユダヤ人の分割案が作成され，ユダヤ人国家であるイスラエルが建国された。

答　④

No.13

① 　×　現在のアフリカには植民地がなく，いまだに独立していないのは西サハラのみである。

② 　×　アメリカ合衆国はアフリカに植民地を持っていなかった。

③ 　×　当時の独立国は，エチオピア，リベリアである。

④ 　×　フランスとイギリスは，アフリカの植民地獲得競争に最も積極的であった。

答　⑤

第7章　通史

（問題，本文 87 ページ）

No.1

① 　○　ジャンヌ＝ダルク（1412 ～ 31 年）はフランス北東部の農民の娘で，英仏が戦った百年戦争（1339 ～ 1453 年）中の 1429 年，英軍に包囲されたオルレアンを解放した。

② 　×　ナイチンゲール（1820 ～ 1910 年）はイギリス女性で，クリミア戦争（1853 ～ 56 年）で，傷病兵の看護に努力した。

③ 　×　アヘン戦争（1840 ～ 42 年）で活躍したのは，欽差大臣として広州に派遣された林則徐（1785 ～ 1850 年）である。

④ 　×　ピョートル大帝（在位 1682 ～ 1725 年）は 17 ～ 18 世紀のロシア皇帝である。クリミア戦争（1853 ～ 56 年）を始めたのはニコライ 1 世。

⑤ 　×　南北戦争（1861 ～ 65 年）のときの大統領はリンカン（在任 1861 ～ 65 年）で，奴隷解放宣言を行った。ジョージ＝ワシントンは，アメリカの初代大統領。

答　①

No.2

A：マグナ・カルタの制定…1215 年
B：東西教会分裂…1054 年
C：バラ戦争…1455 ～ 1485 年
D：英仏百年戦争…1339 ～ 1453 年
E：第 1 回十字軍…1096 ～ 1099 年
よって，B→E→A→D→Cの順

答　④

No.3

A：紅巾の乱…1351 ～ 1366 年
B：黄巾の乱…184 年
C：義和団事件…1900 ～ 1901 年
D：黄巣の乱…875 ～ 884 年
E：太平天国の乱…1851 ～ 1864 年
よって，B→D→A→E→Cの順

答　①

No.4

① × 黄巣の乱 ：唐

② × 李自成の乱：明

③ × 黄巾の乱 ：後漢

④ × 紅巾の乱 ：元

答 ⑤

No.5

① ペルシア戦争：BC500 〜 BC449 年

　　秦：BC221 〜 BC206 年

② 第1回三頭政治：BC60 〜 BC53 年

　　前漢：BC202 〜 AD8 年

③ ミラノ勅令：313 年

　　隋：581 〜 618 年

④ 第1回十字軍遠征：1096 〜 99 年

　　唐：618 〜 907 年

⑤ 百年戦争：1339 〜 1453 年

　　宋（北宋）：960 〜 1127 年

よって，正解は②である。

答 ②

No.6

② × 劉邦が用いたのは郡国制。

③ × 令とは行政法や民法のこと。刑法は律。

④ × 6カ条の教訓は六諭。

⑤ × 藩部関係事務の統轄機関は理藩院。

答 ①

No.7

② × 九品中正は門閥貴族ばかりが官吏に登用されるという弊害があった。隋の時代に，こうした弊害を排除できるよう，試験による官吏登用法が取られるようになった（科挙制）。

③ × 府兵制では均田制で土地を支給された農民から徴兵し，その場合は租庸調を免じた。しかし均田制の衰退とともに崩れ，8世紀には募兵制に代わった。

④ × 清の時代に地丁銀制が導入されるまでは，物納が多かった。

⑤ × 科挙制度は元の時代の中断を除き清の末期まで続くが，宋の時代には皇帝の面前で試験を行う殿試という課程が追加された。

答 ①

No.8

① × 九品中正法が始まったのは魏の時代。漢代の官吏採用法は郷挙里選。

③ × 地丁銀制は清代の税制。780 年に実施されたのは両税法。

④ × 五代十国時代は節度使によって武断政治が行われた。

⑤ × ネルチンスク条約はロシアと清の間で結ばれた。

答 ②

No.9

① × 南海遠征は，明の永楽帝が鄭和に命じて行わせたものである。

② × これは清の説明。

③ × 郡県制を採用したのは秦の始皇帝。漢の高祖が採用したのは郡国制である。

④ × 元の説明である。

⑤ ○ 景教はネストリウス派キリスト教の中国名で，635 年にペルシア人によって伝わった。マニ教も西域から 7 世紀末に伝わり，長安には寺院も建てられていた。このほか，ゾロアスター教の寺院も各地に存在した。

答 ⑤

No.10

① × 三十年戦争：ウェストファリア条約。パリ条約は七年戦争，アメリカ独立戦争，クリミア戦争の講和条約。

② × ユグノー戦争：ナントの勅令によって収束。ユトレヒト条約はスペイン継承戦争の講和条約。

③ × アメリカ独立戦争：パリ条約。ヴェルサイユ条約は第一次世界大戦の講和条約。

④ × アヘン戦争：南京条約。北京条約はアロー戦争の講和条約。

答 ⑤

No.11

A　リンカーンの16代大統領当選は<u>1860年</u>。

B　モンロー宣言は，5代大統領モンローによって<u>1823年</u>になされた，ヨーロッパとアメリカ大陸との間の相互不干渉原則の表明である。

C　世界恐慌は，<u>1929年</u>にニューヨーク・ウォール街における株価大暴落を契機として，欧州，日本などへ広がっていった。

D　世界恐慌を受けて，<u>1933年</u>に大統領に就任したフランクリン＝ローズヴェルト大統領は，ニューディール政策を始めた。

E　米西戦争は<u>1898年</u>のことであり，フィリピンやグアム島を獲得した。

よって，古い順に並べるとB→A→E→C→Dの順。

答　⑤

No.12

①　×　フィリピンは，最終的にはアメリカに支配された。また，ホセ・リサールは文筆家であり，独立を思想面から盛り上げた。独立運動の指導者はアギナルドである。

②　×　東遊運動は，ベトナムで起こった日本への留学運動で，日露戦争に勝った日本を手本にしようという動きである。ファン＝ボイ＝チャウを中心に行われた。

④　×　ボリビア独立の活動家はシモン・ボリバルである。カストロやゲバラは20世紀にキューバの共産化を目指した活動家である。

⑤　×　ガンディーの指導した独立運動は，非暴力が徹底されていた。

答　③

No.13

①　×　王羲之,顧愷之はいずれも東晋の人。4世紀の中国で活躍した。

②　×　諸子百家の活躍は春秋・戦国時代になる。

③　×　杜甫や李白が活躍したのは，唐の時代である。

④　×　仏教伝来は漢の時代だが，仏図澄は4世紀に華北で布教した。仏教が広まったのは南北朝の戦乱期。

⑤　○　司馬遷の編集した『史記』は漢の時代に作られた歴史書である。紀伝体とは，本紀，列伝，表，志などから記述を行う歴史記述の一形式。なお，古い出来事から順に記述していく形式は編年体と呼ばれる。

答　⑤

No.14

③のゴヤ，ミレーは自然主義の画家である。

答　③

No.15

①　『リア王』，シェークスピア：イギリス
　　『白鯨』，メルヴィル：アメリカ

②　『アンナ＝カレーニナ』，トルストイ：ロシア
　　『神曲』，ダンテ：イタリア

③　『ドン＝キホーテ』，セルバンテス：スペイン
　　『桜の園』，チェーホフ：ロシア

④　『赤と黒』，スタンダール：フランス
　　『椿姫』，デュマ＝フィス(小デュマ)：フランス

⑤　『ガリヴァー旅行記』，スウィフト：アイルランド
　　『ファウスト』，ゲーテ：ドイツ

よって，正解は④である。

答　④

No.16

①　×　『神曲』の作者はダンテ。ボッカチオの代表作は『デカメロン』。

②　×　『ハムレット』の作者はシェークスピア。セルバンテスの代表作は『ドン＝キホーテ』。

③　×　「大公の聖母」の作者はラファエロ。ミケランジェロの代表作は「ダヴィデ」や「最後の審判」など。

⑤　×　「四使徒（四人の使徒）」の作者はデューラー。ボッティチェリの代表作は「ヴィーナスの誕生」や「春」など。

No.17

①と②はロマネスク様式，③と⑤はゴシック様式である。

答　④

No.18

A：ゴッホ
　　ルノワールはフランス印象派の画家で，代表作は「ムーラン＝ド＝ラ＝ギャレット」「舟遊びの人々の昼食」など。

B：ロダン
　　モネはフランス印象派の画家で，代表作は「印象・日の出」「睡蓮」など。

C：ミレー
　　セザンヌはフランス後期印象派の画家。
よって，正解は②である。

答　②

No.19

A：ミレー。作品は「落穂拾い」。
B：ミケランジェロ。作品は「最後の審判」。
C：ダリ。作品は「記憶の固執」。
よって，正解は⑤である。

答　⑤

No.20

A：ミレー
B：ピカソ
C：ダリ
よって，正解は⑤である。

答　⑤

No.21

ヨハン・セバスティアン・バッハ（Johann Sebastian Bach…1685 ～ 1750 年）についての記述である。

答　①

No.22

A：ベートーヴェン
B：チャイコフスキー
C：ドビュッシー
よって，正解は①である。

答　①

No.23

この文章はフランス「人権宣言」の一節である。

答　④

第3編　地理

第1章　地図の図法

（問題，本文98ページ）

No.1

④のメルカトル図法が正しい。

メルカトル図法は正角円筒図法であり，経線からの角が正しく表れている。高緯度地方では距離・面積が著しく拡大されている。等角航路が直線になるため海図に利用される。

答　④

No.2

① ×　海洋部を切り開いた断裂図であるので海流図には不適。

② ×　①と同じく海図には不適。

③ ○　正しい。

④ ×　直交していない。

⑤ ×　等角ではない。

答　③

No.3

球体である地球全図を正距かつ正積かつ正方位かつ正形で表せるのは，地球儀のみである。

答　⑤

No.4

① ×　メルカトル図法では緯度，経度が直交する直線で表示されるが，球体である地球が長方形の平面に表示されるので形や面積は現実と異なるものになる。

② ×　正距方位図法では，中心点からの距離と方位が正確に表示される。

③ ○　ただし形は現実と大きく異なる。

④ ×　これはグード図法の説明である。グード図法では，高緯度がモルワイデ図法，低緯度がサンソン図法で描かれる。大陸の形が現実に近く表示される。

⑤ ×　これはモルワイデ図法の説明である。

No.5

A：モルワイデ図法

B：サンソン図法

C：ボンヌ図法

答　①

No.6

この地図の特徴は，海洋が断裂しているところである。世界地図でこのような方法を採るのはグード（ホモロサイン）図法。

答　②

No.7

① ×　緯度180度線

② ×　北回帰線

③ ×　赤道

④ ○　南回帰線

⑤ ×　南緯30度線

答　④

No.8

Aは本初子午線（経度0度），Bは東経20度，Cは北緯20度，Dは赤道（緯度0度）である。

① ×　赤道はDである。

② ×　赤道直下の地域は，おおむね一年を通じて高温である。

③ ×　A線は経度0度なので，日本との時差9時間になる。

④ ×　4本の線で囲まれた地域は全域が北緯・東経で表される。

⑤ ○　経線に沿って地球を一周する場合の距離はすべて等しいが，緯線に沿って一周すると緯度が高いほど一周の距離は短くなる。

答　⑤

No.9

日本の標準時がGMT＋9時間，ハワイが
GMT－10時間なので，日本とハワイの時差
は19時間。ハワイから日本を見ると日本の
方が19時間早いので，飛行機が出発した時
刻はハワイ時間の11月30日 23:00。
よって7時間40分。

答　③

（問題，本文102ページ）

No.1

① ×　南極大陸よりオーストラリア大陸の
　　　方が小さい。
② ×　環太平洋造山帯，アルプス＝ヒマラ
　　　ヤ造山帯ともに新期造山帯である。
④ ×　大陸以外ではグリーンランドが最大
　　　で，以下ニューギニア島，ボルネオ島，マ
　　　ダガスカル島と続く。
⑤ ×　太平洋プレートは日本列島のプレー
　　　トの下に潜り込んでいくため，太平洋プ
　　　レート上のハワイは，少しずつ近づいてい
　　　る。

答　③

No.2

① ×　100mを増すごとである。
② ×　山地を越えると気温は上がる。
③ ×　海洋性気候と大陸性気候の説明が反
　　　対である。
⑤ ×　屈曲は少なくなる。

答　④

No.3

安定陸塊は先カンブリア時代（地球誕生〜約
5億7000万年前）に造山運動を受けたが，
その後地殻運動は受けず造陸運動だけであっ
た大陸地殻のこと。世界の大平原の大半はこ
の陸塊上にある。代表的な地形は構造平野，
楯状地，卓状地など。

答　③

No.4

楯状地や卓状地が広く分布しているのは，安
定陸塊。地表の侵食が進んでいることから一
般に高度1000m以下で，侵食平野をなして
いる。褶曲山地は地殻内部が封じ込められた
状態で横からの圧力を受け，波状に曲がって
できた山地で，古期造山帯や新期造山帯で見
られる。

答　④

No.5

①はガンジス川などによって形成された沖積平野。②〜⑤は構造平野である。

答　①

No.6

A．（ア）にはトロイデ，（イ）には箱根山が入る。カルデラは火山の噴火による陥没でできる地形で，阿蘇山が有名だがここでは不適切。富士山型の山はコニーデと呼ばれる。

B．（ウ）には三角州が入る。扇状地は堆積でできる地形だが，山地から平地に出るあたりに発達する。山地から海岸までが接近する平野にも見られる場合がある。三日月湖は大河の蛇行によりできる。

よって，正解は②である。

答　②

No.7

① 砂州　　：半島の先端や岬から出た砂嘴が入江や湾を閉ざすように延びたもの。海岸地形の一種。

② カール　：氷河の侵食によって山頂や山腹にできる窪地。

③ ワジ　　：乾燥地域で見られる水無川。

④ モレーン：氷河によって運搬された砂礫が，末端部に堆積してできた地形。

⑤ マール　：爆裂火口ともいわれ，弱い爆発によってできた火口状の窪地。正しい。

答　⑤

No.8

②　×　自然堤防の説明である。

③　×　後背湿地の説明である。

④　×　三角州（デルタ）の説明である。

⑤　×　氾濫原の説明である。

答　①

No.9

海岸平野は地盤の隆起（もしくは海面の低下）によって，海底の堆積面が海面上に現れて形成された平野のことである。

答　②

No.10

①　×　リアス式海岸は沈降海岸ではあるが，吹上浜が例にならない。

②　×　海岸平野は隆起海岸。浅い海底の堆積面が隆起してできたもの。また北ドイツ平原は侵食平野。

③　×　陸繋島は，沖合にある島が砂州によって陸地とつながったもので，沈降海岸ではない。

⑤　×　ラグーンは離水海岸。元々は海だったところが沿岸州や砂嘴・砂州などによって囲まれてできた湖のこと。

答　④

No.11

Ｖ字谷は河川の侵食作用，ドリーネはカルスト地形でともに氷河地形ではない。

したがって①，③，④，⑤は誤りである。

②のＵ字谷は氷河の侵食作用。モレーンは氷河の堆積作用，カールは氷食作用。

答　②

No.12

フィヨルドは氷河地形の一種で，氷食谷に海水が侵入してできた入江のこと。

答　④

No.13

Ｖ字谷は河川の侵食によってできた谷であり，Ｕ字谷が氷食谷である。

答　①

No.14

① × 糸魚川から静岡にかけて走る構造線は，東北日本と南西日本の接合点に当たり，糸魚川＝静岡構造線（フォッサマグナの西縁）と呼ばれる。中央構造線は，諏訪湖から伊勢湾を経て九州に至る断層線である。

② × 石狩平野はかつて泥炭地であったが，現在は北海道の農業の中心地として米作地帯となっている。

④ × 丹波高地は京都府から兵庫県にまたがる山地。場所が違う。

⑤ × 陸繋島は海流による堆積物で島が地続きになったもので，江ノ島や函館山が代表例である。天橋立は島がつながったのではなく，入江が閉じかけているので砂州。

答 ③

No.15

① × ヤールー川は中国，北朝鮮の国境である。

③ × ナイル川はエジプトを貫流。エジプトとリビアの国境は東経25°で仕切られている。

④ × セーヌ川はフランスを貫流。

⑤ × メコン川はラオスとタイの国境。

答 ②

No.16

① × メコン川は国際河川として知られているが，国境となっているのはラオスとタイ間で，カンボジアとは国境となっていない。

② × ピレネー山脈はスペインとフランスの国境。

③ × アムール川（黒龍江）は中国とロシアの国境で，流路変更に伴い紛争になったこともある。

④ × ドナウ（ダニューブ）川は，ルーマニア，ブルガリア，セルビア・モンテネグロなどの国境線。

⑤ × ライン川はドイツ・フランスの国境の一部となっている。

答 ⑤

No.17

② × カリフォルニア海流は寒流である。

③ × 北大西洋海流は暖流である。

④ × フンボルト（ペルー）海流は寒流である。

⑤ × ベンゲラ海流はアフリカ西海岸を流れる寒流である。

答 ①

No.18

A：× フィヨルドは氷河地形なので，ギリシャとトルコの間にあるエーゲ海のような暖かい地方では見ることができない。

B：○ 正しい。

C：× 侵食平野は長い間の侵食作用によって形成された平野。堆積により形成されるのは堆積平野。

D：○ 正しい。

よって，正解は⑤である。

答 ⑤

第3章　世界の気候

（問題，本文 108 ページ）

No.1

夏は冷涼で降雨が少なく，冬も暖かいのは西岸海洋性気候の特徴である。この気候は西ヨーロッパをはじめ，オーストラリア東部やニュージーランドにも見られる。

答　④

No.2

① ×　最寒月平均気温が 18℃ 以上の地域。

② ×　チェルノーゼムはウクライナから西シベリアにかけて分布。熱帯地方の土壌はラトソルと呼ばれる，やせた赤土。

③ ×　混合農業は西ヨーロッパ，アメリカ，アルゼンチンなどで見られる。熱帯にはない。

⑤ ×　熱帯雨林は多種多様な樹種が混在している。

答　④

No.3

この条件に当てはまるのは熱帯モンスーン気候である。

答　②

No.4

① ×　この記述はサバナ気候のことである。

② ×　この記述はステップ気候のことである。

③ ×　この記述は地中海性気候のことである。

⑤ ×　この記述は冷帯気候のことである。

答　④

No.5

文章は Df（冷帯湿潤気候）の説明。南半球に D（冷帯気候）の地域は存在しないので⑤が正しい。

答　⑤

No.6

① ×　南北回帰線付近の方が多い（回帰線砂漠といわれている）。

② ×　回帰線砂漠は西岸地帯に多い。

③ ×　西岸地帯にある。

⑤ ×　北アメリカ大陸にはカリフォルニア半島以外にも，モハーベ，グレートソルトレーク砂漠等がある。ヨーロッパ大陸中部にはない。

答　④

No.7

まず，アフリカ大陸のおよそ半分，オーストラリア大陸の半分以上を占める①が，乾燥気候である。

次に，アフリカ大陸とオーストラリア大陸がともに 0.0％ である②と④が，亜寒帯気候か寒帯気候のいずれか。ユーラシア大陸の割合から，②＝亜寒帯気候，④＝寒帯気候であることが分かる。

残る③と⑤が熱帯気候か温帯気候だが，アフリカ大陸では③が多く，ユーラシア大陸，オーストラリア大陸では⑤が多いことから，③＝熱帯気候，⑤＝温帯気候となる。

答　⑤

No.8

① ×　セルバはアマゾン盆地の熱帯雨林。サバナ気候では熱帯草原が広がる。

② ×　長草草原と疎林が広がるのはサバナ気候。ステップ気候は短草草原。

④ ×　照葉樹林が分布するのは温暖湿潤気候。西岸海洋性気候ではブナなどの落葉広葉樹が多い。

⑤ ×　この植生はツンドラ気候のもの。冷帯気候では北部は針葉樹林（タイガ）が，南部では落葉広葉樹と針葉樹の混合林が広がる。

答　③

No.9

すべて実在する。Cの「南緯20度のET」はアンデス山脈に，またCfc（西岸海洋性気候のうち「月平均気温が10℃以上の月」が1〜3カ月の場所）は，北欧やアラスカに存在する。

答　①

No.10

A：シンガポール・ジャカルタ（Af），マイアミ（Am）

B：ダーウィン・バンコク（Aw），ヤンゴン（Am）

C：カイロ，ラスベガス（BW），テヘラン（BS）

D：すべてCs

E：ロンドン・メルボルン（Cfb），イルクーツク（Dw）

F：ホンコン・クンミン（Cw），ンジャメナ（BS）

よって，正解は④である。

答　④

No.11

最寒月の平均気温が−3℃以上で，最暖月の平均気温が18℃以上，また降水量は比較的あるので乾燥気候ではないことから温帯気候が確定。気温が高いとき＝夏に降水量が少ないので地中海性気候。

答　②

No.12

Aはローマである。ローマは地中海性気候（Cs）。冬温暖で，夏に乾燥する。Bは函館，Cはフフホトである。フフホトは冷帯（亜寒帯）冬季小雨気候（Dw）。内陸部にあるので冬の寒さが厳しい。

答　①

No.13

最寒月平均気温が−3℃以上18℃未満なので温帯気候。気温が高い時期＝夏に雨が少ないのでCs＝地中海性気候。

答　②

No.14

示されたハイサーグラフから最寒月が−3℃以上あるので温帯気候である。よって④⑤を除くことができる。

次に降水量から夏期に降雨が少なく乾燥していることが分かる。よってCs＝地中海性気候。

答　③

No.15

① 東京：Cfa

② ローマ：Cs

③ メルボン：Cfb

④ シカゴ：Df

⑤ バロー：ET

グラフからは「夏は冷涼で冬は温暖。年中降水量がある。」が読み取れる。この特徴を持つのはCfb気候。

ただしこのグラフに限って言うと，グラフ中の数字（月を表す）を見ると，1，2，3月の気温が高く，6，7，8月の気温が低いことから，南半球の都市であることが分かる。選択肢の中で南半球にあるのは③のみ。

答　③

No.16

A：黒潮（日本海流）・暖流

B：ペルー（フンボルト）海流・寒流

したがって，正解は③である。

答　③

第4章　世界の産業

（問題，本文115ページ）

No.1

最もわかりやすいのはC。スリランカが入っているので茶が判明する。次にBにパラグアイが入っているので大豆だと分かれば，Aが必然的にトウモロコシとなる。

答　②

No.2

特徴のある国名から判断する。たとえばBならベトナム，コロンビアからコーヒー豆，Cならコートジボワール，ガーナからカカオ豆と分かる。

答　③

No.3

A：米の説明。綿花なら生育期は高温多雨だが，収穫期に乾燥していなければならない。また，インドネシアは綿花の主要生産国ではない。

B：小麦の説明。「世界で最も生産されている穀物」の記述からも分かる。

C：茶の説明。コーヒー豆なら主要生産国に中南米諸国（ブラジルやコロンビア，メキシコなど）が入っているはずだし，中国はコーヒー豆の主要生産国ではない。

よって，正解は②である。

答　②

No.4

混合農業が見られるのは西ヨーロッパ，アメリカ中西部の「コーンベルト」，アルゼンチンの湿潤パンパなど。

答　②

No.5

北アメリカの混合農業は，通称「コーンベルト」と呼ばれている所が中心である。トウモロコシや大豆を飼料として豚や肉牛を肥育する。春小麦の栽培地域とは場所が異なる。

答　④

No.6

プランテーションは熱帯・亜熱帯で行われている欧米資本による企業的農業で①〜④まではすべて正しい。

答　⑤

No.7

① 　× 　焼畑農業は，発展途上国で農地が拡大する過程で行われる。恒久的に農地とされるわけではなく，森林の破壊が問題視される。カナダではアメリカに近い商業的大規模農業，ロシアでは共産主義時代に発達した集団農場が多い。

③ 　× 　オーストラリアでは不毛な土地の比率が高いが，農地も広く大規模農業が発達している。水の便の悪い地域でも畜産が行われる。

④ 　× 　発展途上国では植民地時代に大規模な商品作物農場が作られていたことが多いため，アフリカはコーヒー豆やカカオ豆などの生産地になっている。

⑤ 　× 　アジアでは穀物生産量が増加している。人口の増加を反映し，各地域で商品作物の生産も増加している。

答　②

No.8

A：冬小麦
春小麦は寒い地方で行われるのでカナダとの国境付近になる。

B：綿花
オレンジは地中海式農業地帯でとれるので，アメリカの西海岸になる。タバコはBよりも少し北側で栽培されている。

よって，正解は⑤である。

答　⑤

No.9

AとCは，農林水産業従事者と経済活動人口に占める割合から考えると，人口が多い国であることが分かる。また，耕地面積と国土面積に占める割合から，AのほうがCよりもかなり国土面積が広いことも分かる。この5カ国から考えると，A＝中国，C＝インド。Bは，この5カ国の中では人口も少なく国土面積も狭い。したがって，B＝フランス。ちなみに残った2カ国は，Dは国土面積からロシア，Eは穀類生産量からアメリカ合衆国であることが分かる。

答　①

No.10

世界の三大漁場は，日本近海・北アメリカ東岸・北海の3カ所である。マクロ的視野で考えられており，小さい範囲では考えられていない。

答　②

No.11

漁獲量／1位：中国，2位：インドネシア，3位：インド，4位：ベトナム，5位：<u>アメリカ</u>

水産物の輸入額／1位：<u>アメリカ</u>，2位：日本，3位：中国，4位：スペイン，5位：イタリア

漁獲量が多く，なおかつ輸入額も多いということは，魚介類の消費量が多いうえに，そのすべてを自国の漁獲量ではまかないきれないということ。そう考えると答えを導きやすくなる。

答　④

No.12

A　インドである。ポーランドは石炭の産出量上位で名前が出ることはあるが，鉄鉱石は産出されない。

B　サウジアラビアである。クウェートでも石油は産出されるが，世界第1位，第2位を争うほどではない。

C　ブラジルである。カナダでも鉄鉱石は産

出されるが，ブラジルには遠く及ばない。よって，正解は①である。

答　①

No.13

②　×　ウェイパはオーストラリアにあるボーキサイト産地。

③　×　五大湖周辺は鉄，ザンビアは銅の産地。

④　×　南アフリカでは原油はとれない。

⑤　×　いずれも代表的な炭田。

答　①

No.14

鉄鉱石の主要産出国はオーストラリア，ブラジル，中国，インド，ロシアなど。インドネシアも鉄鉱石の産出はあるが，主要産出国とまではいえない。ちなみに③はすず鉱の主要産出国。

答　③

No.15

A：炭田
B：油田
C：鉄鉱石の鉱山

よって，正解は①である。

答　①

No.16

A：銅
B：ボーキサイト
C：金

よって，正解は①である。

答　①

No.17

それぞれの産出国は次の通りである。

金：中国，オーストラリア，ロシア，アメリカ，カナダ

鉄鉱石：オーストラリア，ブラジル，中国，インド，ロシア

銅鉱：チリ，ペルー，中国，アメリカ，オーストラリア

答　⑤

答　④

No.18

日本の鉱物資源で自給自足可能なものは石灰。他の鉱物資源は多種類産出するが，少ないのが特徴。

答　④

No.19

A：チェコ
B：南アフリカ共和国
よって，正解は④である。

答　④

No.20

① ドイツ
② アメリカ
③ イギリス
④ フランス
⑤ 韓国

答　①

No.21

スマートフォンは，ほとんどがアジア各国で生産されていることからC＝スマートフォンが分かる。AとBの違いは，Aにはドイツ，イタリア，Bにはインド，韓国が入っていること。インドとイタリアの自動車の生産量を比べると，イタリアはインドの約7分の1程度である。以上からA＝工作機械，B＝自動車。
よって，正解は①である。

答　①

No.22

① ×　シアトルの工業は製材，パルプ，製紙，航空機など。
② ×　Bはヒューストン。ニューオリンズはヒューストンよりも東にある。
③ ×　シカゴの工業は食品工業，農業機械，鉄鋼，自動車など。
⑤ ×　Eはボストン。ニューヨークはボストンの南西にある。

No.23

③のブラジルの主要相手国の中で中国とアメリカは正しいが，ポルトガルとオーストラリアは誤りである。他はすべて正しい。

答　③

No.24

⑤はオーストラリアの主な輸出品である。

答　⑤

No.25

フィリピンの領域に大きな油田はない。したがって主要輸出品に石油製品やパーム油はない（これはマレーシアの主要輸出品）。

答　④

第5章　各国地誌，人種，言語など

(問題，本文127ページ)

No.1

① ×　メキシコはスペイン語。ブラジルはポルトガル語。

② ×　ポーランドはポーランド語。トルコはトルコ語。

③ ○　ベルギーはフランス語，オランダ語，ドイツ語の3言語。スイスはドイツ語，フランス語，イタリア語，ロマンシュ語の4言語を公用語としている。

④ ×　ハンガリーはマジャール（ハンガリー）語。カナダは英語とフランス語が公用語。

⑤ ×　イランはペルシア語。マレーシアはマレー語。

答　③

No.2

スペイン語を公用語としているのは，キューバ・コロンビア・アルゼンチン・パナマ・チリ・メキシコなどがある。

① フィリピンは英語，フィリピン語

② インドネシアはインドネシア語

④ ブラジルはポルトガル語

⑤ モロッコはアラビア語

答　③

No.3

① ×　ピレネー山脈を利用した自然的国境がある。

② ×　アルプス山脈を利用した自然的国境がある。

③ ×　メコン川を利用した自然的国境がある。

④ ×　ドナウ川を利用した自然的国境がある。

⑤ ○　国境線の大半がニューギニア島の東経141度線。

答　⑤

No.4

文章はグリーンランドの説明。デンマークの自治領である。

答　④

No.5

① ×　西インド諸島はカリブ海・大西洋海域にある。

② ×　マダガスカル島はアフリカ沖インド洋にある。

③ ×　セイロン島はスリランカで，インド沖のインド洋にある。

④ ×　シチリア島はイタリア，地中海にある。

⑤ ○　アルゼンチン沖の大西洋にあり，イギリスが領有している。

答　⑤

No.6

② ×　サンクトペテルブルクはフィンランド湾の湾頭。海と陸との交易上の接触点として発達。

③ ×　トリノはアルプス山脈の峠のふもと。人や物資が滞留する交通の要地として発達。

④ ×　モスクワは東ヨーロッパ平原の中心。生産力豊かな大平野を後背地として発達。

⑤ ×　ジブラルタルはイベリア半島南端，ジブラルタル海峡の端にあるイギリス領。海上交通の要地，陸との接触点として発達。

答　①

No.7

① ○　ニューオリンズはミシシッピ川河口。

② ×　エドモントンは海に面していない。

③ ×　広州は貿易港として栄えた。

④ ×　モンテビデオはラプラタ川の河口にあり，近くに山地はない。

⑤ ×　銚子は漁港である。水産都市として発達。

答　①

No.8

Ⅰ群は学術都市の集まり。異なるのはニューデリー。

Ⅱ群は宗教都市の集まり。異なるのはハーグ。この2つは政治都市である。

よって，正解は④である。

答　④

No.9

「BRICs」はブラジル（Brazil）・ロシア（Russia）・インド（India）・中国（China）の頭文字を合わせた，4カ国の総称。広大な国土を持ち，天然資源が豊富で，労働力となる人口を多く有していることが共通点で，今後も成長が見込まれている。

答　④

No.10

① ×　ペルーの国民はインディオとメスチソが圧倒的に多く，日系人は比率の上ではきわめて少ない。

③ ×　オランダ系フラマン人とフランス系ワロン人の対立があり，公用語はオランダ語，フランス語，ドイツ語の三語が使われている。

④ ×　オーストラリアではヨーロッパ系の白人が9割を超えている。少数の白人による非人道的支配は，南アフリカのアパルトヘイト（撤廃済み）が有名。

⑤ ×　シンガポールで経済的優位を保つ華人は，人口の上でも8割近くを占めている。

答　②

No.11

各国で最も人口比率の高い宗教は以下の通り。

ア　インド：ヒンドゥー教

イ　ブラジル：キリスト教（カトリック）

ウ　パキスタン：イスラム教

エ　インドネシア：イスラム教

オ　スリランカ：仏教

カ　ベトナム：仏教

よって，正解はウとエとなる。

答　③

No.12

カナートは，山麓の扇状地において，地下水を水源とする地下水路のこと。

答　⑤

No.13

ライン川はベルギーを通らない。

答　③

No.14

① ×　中国政府は国民を漢民族と55の少数民族に区別し，少数民族の集住地域に関しては一定の自治権を認めている。

② ×　台湾は地理的に近い中国南部の言語も使われるが，中心は北京語である。

③ ×　1999年に，マカオはポルトガルから中国に返還された。

④ ×　深圳は香港に隣接するので経済が急成長している都市であるが，政府が直轄市に指定した都市ではない。

答　⑤

No.15

Aはタイである。

Cはインドネシア。この2つから明らか。

よって，正解は④である。

答　④

No.16

文章はカンボジアについて書かれたものである。

①はベトナム，②はラオス，④はブルネイ，⑤はマレーシアである。

答　③

No.17

① ×　東南アジアで立憲君主制を採っているのはタイ，マレーシア，カンボジア，ブルネイ。

② ×　インドネシアのこと。

東南アジアでOPECに加盟しているのは

インドネシアのみ。

④　×　カンボジアのこと。

⑤　×　シンガポールのこと。

答　③

No.18

①　×　ヒンドゥー教徒が多い。

③　×　ジュートもとれるが，輸出の大半を占めるほどではない。

④　×　産油量は少なく，OPEC にも加盟していない。

⑤　×　国土の大半は熱帯，もしくは乾燥気候である。

答　②

No.19

①　×　インダス川流域は主に乾燥地帯であり，米の生産には適していない。中・上流域は小麦の産地になる。

②　×　デカン高原やパンジャブ地方は，いずれも綿花の生産が盛んな地域である。茶の生産はアッサム地方などの山岳地域になる。

③　×　羊の飼育頭数は世界上位であり，羊毛の生産も行われている。

⑤　×　バングラデシュの米・ジュート生産は，世界全体で見ても生産量が多い。しかし，小麦の生産はあるものの，「世界的生産地」というほどではない。

答　④

No.20

A：ナイジェリア

B：ガーナ

C：ケニア

よって，正解は④である。

答　④

No.21

②　×　Bはトルコ。説明はイラクについてのもの。

③　×　Cはリビア。説明はエジプトについてのもの。

④　×　Dはナイジェリア。赤道はこの国よりも南を通っている。主要産業は石油関連。

⑤　×　Eはボツワナ。説明は南アフリカについてのもの。

答　①

No.22

ア　イタリアに関する記述である。北部や中部は山脈が走り，地中海に着き出した半島は地中海性気候を示す。

イ　フランスに関する記述である。西ヨーロッパ最大の面積を持つフランスでは，パリ盆地周辺にケスタと呼ばれる侵食地形が見られる。

ウ　ノルウェーに関する記述である。ヨーロッパでフィヨルドが見られるほど高緯度の国で，かつ西部が海に面しているとすれば，イギリス，アイルランド，ノルウェーが当てはまる。ノルウェーはヨーロッパの中で漁業生産が最も多い。

エ　オランダに関する記述である。ポルダーはオランダに見られる干拓地である。温暖化と海面上昇で水没する地域が広いため，温暖化対策への関心が高い。

よって，正解は③である。

答　③

No.23

イタリアで Cs なのは南部。また Cs で生産されるのはオリーブや柑橘類など。夏乾燥するため，米の栽培などには向かない。

答　④

No.24

A　○　正しい。

B　×　日本のように小規模農家が密集する地域では直売により独自の販路を開拓する手法も有効だが，北米のように少数の農家が大量生産をするケースでは，大量買い付けのできる商社の影響を排除するのは困難である。

C　○　正しい。

D　×　冬小麦と春小麦の生産地域は重なら

ない。春小麦は高緯度の単作地帯で生産される。

よって，正解はAとCである。

答　②

No.25

コーヒー豆はエチオピア原産でブラジルが生産高世界第1位（2020年）。銅鉱石はチリが世界第1位の産出高で，ペルーが中国に次いで第3位（2017年）。

答　③

No.26

説明文はアルゼンチンについての記述である。

①はベネズエラ，②はペルー，③はブラジル，④はチリである。

答　⑤

No.27

① ×　イギリス領やオランダ領もあった。

② ×　近年では，ブラジルのように輸出の約半分が工業製品で占められている国もある。

③ ×　南米の貿易はアメリカとの関係が強いが，これは地理的に近いせいでもある。アルゼンチンはアメリカから離れており，産物もアメリカの輸出品と重なるので，アメリカへの貿易依存度は他の南米諸国より少ない。

④ ×　パナマ運河の管理権は，1999年にアメリカからパナマに返還されている。

答　⑤

No.28

① ×　ニュージーランドについての記述。オーストラリアの先住民はアボリジニである。

③ ×　ニュージーランドについての記述。オーストラリアは国土の大半が乾燥気候である。

④ ×　オーストラリアについての記述。ニュージーランドは地下資源が乏しい。

⑤ ×　オーストラリアについての記述。ニュージーランドにおける最大の輸出相手国はオーストラリアである。

答　②

No.29

オークランドは首都ではない。ニュージーランドの首都はウェリントン。

答　④

第6章　人口問題, 都市問題, 環境問題

（問題，本文 139 ページ）

No.1
① アジア　　②　北アメリカ
③ 南アメリカ　④　ヨーロッパ
⑤ アフリカ

答　⑤

No.2
① 富士山型：出生率，死亡率ともに高く，人口漸増もしくは急増型。発展途上国に多い。
② つりがね型：出生率，死亡率ともに低いが，どの年齢層もほぼ等しい割合の人口構成になる。人口漸増もしくは停滞型。先進国，新興工業国に多い。
④ ひょうたん型：就職や進学によって，青年層が少なくなった型。人口転出，過疎地域型，農村や離島など。
⑤ 星型：農村から青年層が流入することで，生産年齢層が多くなった型。人口流入，過密地域型，大都市や都市周辺など。

答　③

No.3
Aの形態はつぼ型と呼ばれる。出生率・死亡率ともに低い（少産少死型）が，特に出生率が大きく減少している。先進国に多く見られる。
Bの形態は星型と呼ばれる。農村などからの青年層の流入によって，生産年齢人口が多くなった型。人口転入による過密地域＝都市部に多く見られる。（近年の日本などでは，少子化の影響によってピラミッドの下辺が狭まる傾向にある。）
よって，正解は④である。

答　④

No.4
① × 富士山型は，出生率，死亡率がともに高い人口漸増タイプの多産多死型と，医療の発達などにより死亡率が低下し，出生

率が高くなった人口増加タイプの多産少死型がある。
③ × つぼ型は，出生率が低下したため幼年人口が少なく，老年人口の高い，人口減少タイプである。
④ × 星型は，生産年齢人口がとくに多い，都市に見られるタイプである。
⑤ × ひょうたん型は，生産年齢人口が少ない，農村に見られるタイプである。

答　②

No.5
Aはエチオピアの人口ピラミッドである。発展途上国の特色は，出生率が高く死亡率も高いということ。
Bはブラジルの人口ピラミッドである。ある程度産業の進んだ国の場合，出生率が低下し若年人口比が下がる傾向が現れる。
Cは日本の人口ピラミッドである。先進国の特徴として，老年人口比が高くなる傾向がある。生活が豊かになり医療水準が上がる一方，若年人口比の低下は進み，ピラミッドというよりは筒に近い形状を示す。アメリカのグラフも，先進国型のCに近い形状となる。
よって，正解は③である。

答　③

No.6
① × 世界の人口は 2023 年現在，約 80 億 4,500 万人であり，すでに 80 億人に達した。
② × アジアの占める割合は約 60％，次いでアフリカ，ヨーロッパの順。
③ × 先進国ではつぼ型，発展途上国では富士山型になる。
④ × スウェーデンの老年人口比率は 20.25％（2022 年現在）。日本は 29.92％である。1950 年当時の老年人口比率を見てみると，スウェーデンが 10.2％であるのに対し，日本は 4.9％。日本のほうがはるかに高齢化のスピードが速い。

答　⑤

No.7

B　×　オゾンホールは南極の成層圏で確認
　　　されて問題化した。また，オゾン層の破壊
　　　を原因とする魚の大量死は，現在のところ
　　　確認されていない。

D　×　砂漠化の原因は人為的な要因の方が
　　　大きい。

答　②

第7章　日本の地誌

（問題，本文 143 ページ）

No.1

①　×　三重県の県庁所在地は津市。大津市
　　　は滋賀県の県庁所在地。

③　×　茨城県の県庁所在地は水戸市。前橋
　　　市は群馬県の県庁所在地。

④　×　岩手県の県庁所在地は盛岡市。仙台
　　　市は宮城県の県庁所在地。

⑤　×　秋田県の県庁所在地は秋田市。盛岡
　　　市は岩手県の県庁所在地。

答　②

No.2

①　×　東京都は約 2,200km²
　　　大阪府は約 1,900km²

②　×　瀬戸内海は Cfa。年中温暖少雨が特
　　　徴。

④　×　関東の内陸部や瀬戸内，九州でも見
　　　られる。

⑤　×　中部地方，松本盆地のことである。

答　③

No.3

①②③④は正しい。

⑤　木材のおよそ7割を輸入している。

答　⑤

No.4

まず冬に降水量が多いので，日本海側の金沢
がBだと分かる。

AとCは，Cの方が降水量が多いので，C
が那覇。

よって，正解は②である。

答　②

No.5

A：木材

B：小麦

C：牛肉

よって，正解は④である。

答　④

No.6

瀬戸内工業地域の説明である。

答　④

No.7

① ×　水産都市の例である。

③ ×　交通都市の例である。

④ ×　観光保養都市の例である。

⑤ ×　宗教都市の例である。

答　②

No.8

2019 年 7 月現在での日本国内の世界遺産は，以下の通り。

1．法隆寺地域の仏教建造物

2．姫路城

3．屋久島

4．白神山地

5．古都京都の文化財（京都市，宇治市，大津市）

6．白川郷・五箇山の合掌造り集落

7．原爆ドーム

8．厳島神社

9．古都奈良の文化財

10．日光の社寺

11．琉球王国のグスク及び関連遺産群

12．紀伊山地の霊場と参詣道

13．知床

14．石見銀山遺跡とその文化的景観

15．平泉の考古学的遺跡群

16．小笠原諸島

17．富士山

18．富岡製糸場と絹産業遺産群

19．明治日本の産業革命遺産

20．ル・コルビュジエの建築作品（国立西洋美術館本館）

21．沖ノ島と関連遺産群

22．潜伏キリシタン関連遺産

23．百舌鳥・古市古墳群

答　①

MEMO